Glória J. Soares de Oliveira Frank

Português com Prazer 2

Schlüssel und Arbeitsbuch

Glória J. Soares
de Oliveira Frank

# Português com Prazer

Teil 2

Ein Sprachkurs für Fortgeschrittene
mit vielen Fotos und Illustrationen

Schlüssel und Arbeitsbuch

DR. LUDWIG REICHERT VERLAG WIESBADEN

Umschlagillustration: Werner Heymann

Die Deutsche Bibliothek - CIP-Einheitsaufnahme

**Soares de Oliveira Frank, Glória J.:**
Português com prazer / Glória J. Soares de Oliveira Frank. -
Wiesbaden : Reichert

Teil 2. Ein Sprachkurs für Fortgeschrittene.
Schlüssel und Arbeitsbuch. - 1993
ISBN 3-88226-591-4

Gesamtherstellung: MZ-Verlagsdruckerei GmbH, Memmingen

# Chave e Caderno de Exercícios - Schlüssel und Arbeitsbuch

## Inhaltsverzeichnis

\* Folgende Texte werden auf die Cassette gesprochen:

| | |
|---|---|
| *Introdução:* | **AO** |
| *Unidade 1:* | **TC + PG VII** |
| *Unidade 2:* | **AO** |
| *Unidade 3:* | **TC + PG V** |
| *Unidade 4:* | **AO** |
| *Unidade 5:* | **TC + PG IV** |
| *Unidade 6:* | **AO** |
| *Unidade 7:* | **TC + PG VII** |
| *Unidade 8:* | **TC** |
| *Unidade 9:* | **AO** |
| *Unidade 10:* | **TC** |
| *Unidade 11:* | **AO** |
| *Unidade 12:* | **TC** |

# 1ª Parte: Chave dos exercícios do livro

## Introdução

AE I Perguntas de interpretação

1. Onde é que o Rui esteve? - *O Rui esteve no Algarve.*
2. Ele foi ao Algarve com a Margarida? - *Não, ele não foi ao Algarve com ela.*
3. Acha que o Rui passa sempre as férias no Sul? - *Não, ele já não ia lá há anos.*
4. Quais são as grandes diferenças que o Rui notou no Algarve em relação a uns anos atrás? - *Agora há muito mais prédios e hotéis do que antigamente.*
5. Como estava o tempo? - *Muito bom, só choveu um dia.*
6. Os hotéis estavam cheios? Porquê? - *Não, os hotéis não estavam cheios, porque era inverno.*
7. A Margarida tira férias no verão? - *A Margarida nunca tira férias no verão.*
8. Depois da conversa, onde (/aonde) é que eles vão? - *Eles vão ao Café Gaivota.*
9. O que é que eles vão fazer? - *Eles vão tomar um refrigerante.*
10. Você já esteve no Algarve? Gostou? - *Sim / Não, eu...*

PG I A

1. sabia     2. ia     3. havia
4. estava    5. estavam    6. era

# Unidade 1

AE I Vocabulário

1. ... no tempo em que grande parte de Portugal ainda estava sob o poder mourisco.
2. Nada lhe restituía a alegria dos tempos vividos no Norte.
3. ... a princesa enfraquecia de dia para dia.
4. O sábio retirou-se acompanhado da aia da princesa.
5. Estava tudo coberto de um tapete branco ...
6. No palácio reinava enorme euforia.

II Interpretação

1. A grande preocupação do rei era a tristeza (e a saúde) da princesa: ela sentia-se triste no Algarve e não o queria aceitar como marido.
2. Ela sentia-se triste porque tinha saudades da neve da sua terra.
3. O sábio quis dizer que a paisagem do Algarve pode ser tão linda como a das

terras do Norte, só é preciso gostar de flores e ver a beleza das amendoeiras.
4. A beleza das amendoeiras em flor substituiu a da neve.

## III Resumo

Era uma vez uma princesa das terras do Norte que vivia no Algarve, no palácio de um rei mouro, nos tempos em que os mouros ainda ocupavam uma
parte de Portugal. A princesa era uma mulher muito linda e de bom coração.
As pessoas no palácio gostavam muito dela, mas ela não era feliz, pois tinha
saudades da paisagem da sua terra e sentia-se doente. O rei, muito preocupado com a saúde da princesa, resolveu pedir conselho ao médico e ao sábio
da corte. O médico pensava que se tratava de um problema de ordem orgâni-
ca. Como o sábio achava que o problema não era físico, pediu 24 horas ao rei
e foi falar com a princesa - convenceu-a a nessa noite dormir num quarto com
vista para o jardim.
No dia seguinte, reuniram-se todos outra vez. A princesa também apareceu
no salão, mas agora feliz e sorridente. Perante grande admiração do rei e do
médico, a princesa explicou porque é que estava tão contente - já não tinha
saudades do branco da neve da sua terra. O rei foi à janela e, realmente, viu
uma paisagem linda - era inverno, mas as amendoeiras estavam em flor. O
branco das flores parecia neve.
Foi assim que a Natureza restituiu a alegria à bela princesa.

## PG V A

1. Antigamente a minha cidade **tinha** muitos espaços verdes.
2. Quando nós **morávamos** em Hamburgo, **vivíamos** numa linda casa.
3. A casa **era** grande e mesmo ao lado **existia** um parque.
4. Quando eu **andava** na escola, **ia** sempre de bicicleta.
5. Eles **estavam** a ver televisão, quando o telefone tocou.
6. Enquanto ela **escrevia,** ele **pensava** no fim da história.
7. O senhor **podia** dar-me o meu chapéu?
8. Eles **queriam** ir ao cinema, mas não têm bilhetes.
9. Como não **conhecia** a cidade, perdi-me.
10. Ele não foi à festa, porque se **sentia** mal.

## VII Tradução (Übersetzung)

### Legende vom Heiligen Martin
An einem stürmischen, sehr kalten Tag ritt Sankt Martin auf seinem Pferd,
als er einen ärmlich gekleideten Mann sah. Sankt Martin hielt sein Pferd an,
schnitt mit einem Schwert seinen Mantel (eine Art Cape) in zwei Teile und
gab einen davon dem Armen. In dem Moment hörten Wind und Regen auf,
und für den Rest des Tages schien die Sonne wie im Sommer. Aus diesem
Grund spricht man von diesem Tag als *Sommer des St. Martin* - der Herbst
kann kalt sein, aber tatsächlich erinnert uns die Sonne am 11. November
(am Tag des Heiligen) an die Tat des St. Martin.

## Unidade 2

AE  I  Vocabulário

1. Numa viagem pelas diversas regiões de Portugal, trava-se conhecimento com muitas pessoas.
2. Como chove muito, há imenso verde.
3. Eu acho que não há zona montanhosa mais bonita do que a Peneda-Gerês.
4. Depois de explicar, em pormenor, toda a história do vinho do Porto ...
5. A terra é fértil e também se produz vinho verde.
6. O Porto é conhecido pela *capital do trabalho*.

II Interpretação

1. Portugal compõe-se de onze regiões: Minho, Trás-os-Montes e Alto Douro, Douro Litoral, Beira Litoral, Beira Alta, Beira Baixa, Estremadura, Ribatejo, Alto Alentejo, Baixo Alentejo e Algarve. Além destas regiões, consideram-se as regiões autónomas dos Açores e da Madeira.
2. Chama-se ao Minho a *Suíça portuguesa*, porque o Minho é como um grande jardim com muita vegetação.
3. As regiões mais ao Norte onde a pesca é um fator importante são o Minho e o Douro Litoral.
4. O Douro Litoral é a zona mais industrializada do Norte.

III  Confronto

Trás-os-Montes é uma região montanhosa com um clima frio (onde até neva no inverno) e pouca indústria. O Douro Litoral é menor do que Trás-os--Montes, mas é uma região mais desenvolvida: tem muito mais indústria e é importante devido à pesca, ao comércio e à agricultura. No Douro Litoral a terra é fértil e o clima é agradável. É nesta região que se situa a chamada *capital do trabalho* - a cidade do Porto.

PG  V  A

1. Eu nunca **tinha bebido** um **vinho tão bom**.
2. Ele já **tinha conversado** com **a amiga alemã** sobre a festa.
3. Elas já **tinham estado em Portugal** muitas vezes.
4. Nós nunca **tínhamos provado vinho verde**.
5. Eu ainda não **tinha conhecido a irmã** dela.

VII Um imprevisto como sobremesa para o jantar

1. Eles já **tinham jantado**, quando faltou a luz.
2. Ainda não **tinham levantado** a mesa, pois ainda não **tinham comido** sobremesa nem tomado café.
3. Todos procuravam velas, mas ninguém sabia onde a mãe as **tinha posto**.
4. Entretanto eram quase nove horas e queriam ver uma série televisiva - já

**tinham visto** a primeira parte e não queriam perder o fim.

5. Já **tinham passado** uns minutos e a luz não voltava.
6. Como não encontravam as velas, resolveram acender o candelabro de prata que a avó lhes **tinha dado** no Natal.
7. Agora não encontravam um isqueiro. Como **tinham deixado** de fumar, não havia fósforos lá em casa.
8. Felizmente voltou a luz e com ela a harmonia que, por uns minutos, **tinha faltado** naquela casa.
9. Acenderam a televisão, a série ainda não **tinha começado**.
10. De repente, apareceu no écran: *Caros espectadores, pedimos desculpa por esta interrupção. O programa segue dentro de momentos.* Comentário da família: *Com esta é que não **tínhamos contado**!*


## Unidade 3

AE I Vocabulário

1. Continuando a nossa viagem por terras lusitanas ...
2. ... pernoitámos (na Figueira da Foz).
3. ... a cidade à noite assemelha-se a um anfiteatro.
4. ... e foi com um deles (com um estudante) que metemos conversa.
5. O João tinha *um não sei quê* de melancolia.

II Interpretação

1. Coimbra, associações: cidade em anfiteatro, Mondego, universidade antiga, estudantes, fado de Coimbra, serenatas, tradição.
2. A *Queima das Fitas* é uma festa para estudantes e professores, na qual a população de Coimbra também participa. Durante uma semana há várias festividades, mas a mais famosa é a serenata.
3. A população de Coimbra apoia os estudantes com carinho e participa nas festividades.
4. Fado, associações: destino, saudade, melancolia, tristeza, ciúme, paixão - grito de alma -, fado de Coimbra, fado de Lisboa.

III Resumo

O fado de Coimbra é cantado só por homens, na rua, num lugar romântico, à noite. Os temas são normalmente algo de passageiro: a vida boémia, uma amizade ou um amor de estudante.
O fado de Lisboa é cantado por homens e por mulheres, numa tasca ou num restaurante. Os temas são normalmente tristes (expressão da dor), mas também há o fado alegre.

PG IV Substituição do infinitivo pelo perfeito composto:

1. Nos últimos tempos, ele **tem feito** grandes passeios a pé.
2. Ultimamente ela **tem escrito** uns artigos para o jornal.
3. Eu não **tenho visto** os meus vizinhos ultimamente.
4. Nos últimos meses, o Futebol Clube do Porto **tem ganho** sempre.
5. Nós **temos sentido** a falta do Zé.

V Conversa na paragem do autocarro

*Sr. Schmidt* - Bom dia, D. Célia.
*D. Célia* - Bom dia, Sr. Schmidt. Como vai? Ultimamente não **tem ido** ao clube ...
*Sr. Schmidt* - Pois não! Sabe, nos últimos tempos **tenho tido** muito trabalho. **Tenho andado** muito cansado.
*D. Célia* - E a sua esposa? Também não a **tenho visto.**
*Sr. Schmidt* - Ela **tem estado** doente.
*D. Célia* - Sim? O que é que ela tem?
*Sr. Schmidt* - Gripe. Mas já está melhor. E a senhora, como está?
*D. Célia* - Bem, muito obrigada. **Tenho estado** de férias e **ido** sempre para a praia. Com este tempo tão bom ...
*Sr. Schmidt* - Isso é verdade, o tempo **tem estado** fantástico nas últimas semanas! ... Já vem ali o meu autocarro. Bom, então adeus. Uma continuação de boas férias.
*D. Célia* - Obrigada. Desejo as melhoras à sua esposa.
*Sr. Schmidt* - Muito obrigado. Cumprimentos ao seu marido. Bom dia.
*D. Célia* - Até à próxima!

VI Qual é a pergunta?

1. Quem é que nunca tinha ouvido o fado ao vivo?
2. Onde é que se cantava o fado antigamente?
3. Alguém já tinha falado com o João? Onde?
4. O que é que ele tem feito ultimamente?
5. Lisboa é a capital de Portugal?
6. Qual é a "capital do trabalho"? E a "capital do amor"?
7. Antigamente onde é que você ia muitas vezes?
8. Onde é que você estava, quando ele lhe escreveu?
9. Você não queria ir à *Queima das Fitas*?
10. Quem é que conhece bem o João?

## Unidade 4

AE I Vocabulário

1. Depois de uma visita à região mais meridional de Portugal ...
2. A vastidão do mar, que se avista das arribas calcárias, é impressionante.

3. O sismo de janeiro de 1980 não afetou só a capital ... também se fez sentir noutras ilhas, embora com menos intensidade.
4. Do antigo farol dos Capelinhos só se viu emergir das cinzas a torre; o resto ficou soterrado ...
5. Primeiro formou-se uma ilhota e só mais tarde se constituiu o istmo.
6. Os terramotos não causaram vítimas, mas enormes destruições.

II Interpretação

1. Eles gostaram muito das formas dos rochedos e do mar.
2. Não, o voo não foi direto, eles foram primeiro a Lisboa. Durante o voo Faro - Lisboa, eles conversaram com um senhor de Lisboa, muito simpático, que conhecia bem os Açores e lhes deu algumas informações sobre o arquipélago.
3. O terramoto de 1980 causou muitas destruições em Angra do Heroísmo e em muitas aldeias; além disso, também se fez sentir noutras ilhas, embora menos intensamente.
4. A erupção do vulcão dos Capelinhos começou no mar. Depois seguiram-se outras fases: primeiro uma fase altamente explosiva, mais tarde começou a emissão de correntes de lava.

III  Certo ou errado?

1. errado;    2. certo;    3. certo;    4. errado;    5. certo;
6. errado;    7. certo;    8. certo;    9. errado;    10. errado.

PG  IV  Frases no futuro

1. **Amanhã farás** o trabalho segundo as nossas instruções.
2. **Nunca mais iremos** ao restaurante perto do farol.
3. **Amanhã** eles não **estarão** em casa.
4. **Amanhã choverá.**
5. **Para a próxima** ela **trar-nos-á** o jornal.
6. **Amanhã** ele **dirá** tudo em poucas palavras.
7. **Para a próxima** tu **convidá-lo-ás./Nunca mais o convidarás** para jantar.
8. Vocês **nunca mais serão** os últimos.
9. "Os últimos **serão** os primeiros".
10. Para a próxima **faremos** o trabalho em grupo.

V  A Substituição do infinitivo pelo futuro:

1. Amanhã eu **escreverei** uma carta ao João.
2. Nas próximas férias, ele **visitará** a Carmem.
3. No verão nós **convidaremos** o Paulo Silva e a Ana Ramos para uma festa.
4. Ela **telefonará** às filhas.
5. Eles **darão** as chaves ao porteiro.

B  Utilização dos pronomes em vez de *João, Carmem, Paulo Silva,* etc.

1. Escrever-**lhe**-ei.
2. Ele visitá-**la**-á.
3. Nós convidá-**los**-emos.
4. Ela telefonar-**lhes**-á.
5. Eles dar-**lhe**-ão as chaves/dar-lhas-ão.

VIII C  Tradução

**Um lago da Baviera - o Lago de Starnberg**
O Lago de Starnberg fica perto da capital do estado da Baviera - Munique - e
é um dos numerosos lagos da Baviera, situado numa paisagem encantadora.
A seguir ao Período Glacial, da água derretida dos glaciares, formou-se o
lago. Ele tem cerca de 20 km de comprimento e atinge uma largura de 5 km.
No ponto mais profundo mede mais ou menos 115 m.
No lago só há uma ilha - a Ilha das Rosas -, onde se encontraram, noutros
tempos, o rei Ludwig II e a princesa Elisabeth (Sissi), nascida no palácio
Possenhofen, a pouca distância dali.
Ainda hoje uma cruz marca o lugar onde o rei Ludwig morreu em junho de
1886.
Todos os lagos têm a sua beleza e encanto próprios, mas muito especialmente
o Lago de Starnberg.

**Unidade 5**

AE I  Vocabulário

1. Na cozinha da família Sousa reina grande confusão.
2. O Pedro Sousa quer experimentar uma receita brasileira.
3. O Pedro estava todo atarefado, entre tachos e panelas.
4. Não se deve deixar tudo para a última da hora.
5. ... a cozinha bahiana sofreu influências da cozinha africana.
6. ... tu ficaste encarregada da sobremesa, não ficaste?

II  Interpretação

1. Há grande confusão na cozinha dos Sousa, porque o Pedro Sousa quer
   experimentar uma receita brasileira.
2. Ele já tinha preparado tudo antes, só faltavam os coentros para poder
   começar a cozinhar.
3. Antes ele preparou um tempero com sumo de limão, alho esmagado, sal e
   pimenta.
4. Sim/Não, eu...

III  A resposta certa

1c)  ... porque uns amigos - a Joana e o Carlos - vão lá jantar a casa deles e o Carlos é brasileiro.
2b)  ... uma hora antes.
3c)  ... moídas.
4c)  ... porque quer fazer a receita original.
5c)  ... ela ganhar um pouco do gosto do vinho do Porto.

PG  I  C  Substituição do infinitivo pelo imperativo:

1. D. Teresa, **faça** a conta, por favor.
2. Sr. Coelho, **traga** mais um café, faz favor.
3. Cristina, **põe** o carro na garagem.
4. Sim, hoje estou no escritório. **Vão** lá falar comigo.
5. Não **peça** sobremesa. Eu convido-o para um gelado.
6. Não **falem** inglês com ele. Vocês sabem que ele só fala português.
7. Não **comas** mais peixe! Também pedi um prato de carne.
8. **Abra** a janela, D. Fernanda! Estou com muito calor.
9. **Tenha** cuidado! A estrada tem muitas curvas.
10. **Diga** lá a verdade, Miguel!
11. **Sente-se**, minha senhora!
12. **Entre**, Nunes!
13. Não se **incomodem** connosco! Nós estamos muito bem instalados.
14. **Levantem-se,** meninos! Esse lugar já está ocupado.
15. **Sê** sincera, Luísa! É melhor para ti.
16. Não **esteja** preocupado, Manuel! Tudo correrá bem.

II  B  Emprego de *ser capaz de, costumar, dever* no presente e do imperativo:

*Helena*  -  Olá, Liliana!
*Liliana*  -  Olá, Lena. Meu Deus! Estás com um aspecto fantástico ... emagreceste muito!
*Helena*  -  Sabes, mudei os meus hábitos alimentares ...
*Liliana*  -  Ah! **Diz** lá como é que fazes! Eu também preciso de emagrecer, mas não *sou capaz* de fazer dieta por mais de dois dias.
*Helena*  -  Claro que *és capaz*. **Olha, come** muitos legumes! Mas só cozidos. Não os *deves* acompanhar com molhos.
*Liliana*  -  Detesto legumes cozidos.
*Helena*  -  Então, **faz** saladas. **Compra** peixe fresco e **coze**-o.
*Liliana*  -  Ui! Odeio peixe cozido.
*Helena*  -  Bom, então **não** o **comas** cozido, **grelha**-o!
*Liliana*  -  Mas eu prefiro carne. Não *sou capaz* de passar uma semana sem comer carne.
*Helena*  -  Podes comer carne, mas não a *deves* fritar. Eu *costumo* comer carne uma vez, no máximo duas vezes, por semana. E *costumo* grelhá-la.
*Liliana*  -  Bom, a tua elegância *deve-se* a muito sacrifício ...
*Helena*  -  De modo nenhum. *Deve-se* a muita imaginação.

*Liliana* - Imaginação? Onde é que ela está, se só comes cozidos, grelhados e
verduras? Imaginação e criatividade mostram-se na preparação de
molhos e de cremes para as sobremesas. E não me **digas** o con-
trário, faz favor!

IV Composição-puzzle

*Gambas à Iracema*
1 - Numa frigideira aqueça óleo de amendoim.
2 - Frite 1/2 kg. de gambas;
3 - ponha sal, piripiri, colorau e
4 - junte três dentes de alho.
5 - Deixe fritar as gambas cerca de 5 minutos de cada lado.
6 - No fim, regue com sumo de limão.
7 - Acompanhe com arroz de tomate
8 - ou com pão torrado com manteiga.
9 - Bom apetite!

V  Tradução

*Cuscuz da Guiné*
Ingredientes:
75 gr. de farinha de mandioca
7,5 dl. de leite
4 ovos
90 gr. de açúcar
1 colher de chá de canela
25 gr. de manteiga

Misture o leite com a farinha e leve a massa a cozer, mexendo sempre, até
engrossar (= até que engrosse). A seguir, deixe arrefecer. No fim, junte a
canela, o açúcar, os ovos batidos e a manteiga. Deite a mistura numa forma e
coza no forno em banho-maria. Deixe o bolo arrefecer na forma.


**Unidade 6**

AE I  Vocabulário

1. Sônia, carioca e radicada em Portugal há bastantes anos ...
2. Ao som de um samba, tomam uma caipirinha ...
3. Nós tínhamos fantasias originais.
4. Eu me lembro perfeitamente da última vez que eu vi a Avenida transfor-
   mada em passarela.
5. ... no final já conhecíamos a música toda de cor.
6. ... e depois todos os foliões começaram a voltar para casa.

12

## II Interpretação

1. Quando a Sónia era criança, ela vivia o Carnaval de rua intensamente.
2. Sim, a Catarina e o Manuel mostram muito interesse pelo que a amiga lhes conta, porque lhe pedem várias vezes para ela continuar a conversa *(Conte lá...; Mas continue...; Então conte!)*. Além disso, eles também querem ir ao Carnaval carioca.
3. O desfile começa às nove da noite e desfilam dez escolas de samba. Como cada uma desfila durante quase uma hora e depois se segue um pequeno intervalo, o desfile dura até às nove da manhã.
4. Sim, eu ... /Não, ...

## III Resumo

No sábado à noite, a Sónia foi com uma amiga ao desfile das escolas de samba. Elas esperaram duas horas, num ambiente de música, luzes e alegria, até que a primeira escola desfilou. Seguiram-se as outras escolas, todas elas com fatos lindos e músicas que convidavam toda a gente a sambar. A Sónia e a sua amiga dançaram e cantaram toda a noite e divertiram-se imenso. A Sónia nunca esquecerá essa *noite do samba*.

PG III Substituição do infinitivo pelo presente do conjuntivo:

1. Não acredito que ela **venha** à festa.
2. Esperamos que vocês **façam** boa viagem.
3. Talvez ainda **chova** hoje.
4. Oxalá (que) eles **tenham** sorte.
5. Peço-lhe que me **traga** o jornal.
6. Queremos que tu nos **digas**(/você **diga**/vocês **digam**) o que se passou.
7. Achas melhor que **fale** primeiro com a Raquel?
8. Proponho que **continuemos** o trabalho amanhã.
9. Não consinto que **fumem** aqui.
10. Não deixo que as crianças **vão** para a rua.
11. Receio que o bebé **esteja** doente.
12. Sinto muito que não **continue** a trabalhar connosco.
13. Surpreende-o que eles **comprem** uma casa à beira-mar?
14. É melhor que você **alugue** primeiro um carro.
15. É importante que vocês **reservem** já o hotel.
16. Vamos embora antes que **comece** a chover.
17. Caso não **venhas** amanhã, telefona, por favor.
18. Quer **chova** quer **faça** sol, vamos passear.
19. Mesmo que não **goste** muito de doces, prove este!
20. Vamos ao Brasil, embora só **tenhamos** três semanas de férias.

IV Expressões com *estar* (no presente) + *a* + *infinitivo* ou com o gerúndio:

1. Ela **está a dormir**./Ela **está dormindo**.
2. Eu **estou a ler** um livro sobre o Brasil./Eu **estou lendo** um livro sobre o

Brasil.
3. Nós **estamos a ouvir** música./Nós **estamos ouvindo** música.
4. Você **está a compreender** o problema./Você **está compreendendo** o problema.
5. Tu não **estás a gostar** do teatro./Tu não **estás gostando** do teatro.
6. Eles **estão a tentar** explicar o filme./Eles **estão tentando** explicar o filme.
7. Ele **está a falar** com os amigos./Ele **está falando** com os amigos.
8. Eu **estou a telefonar** para o hotel./Eu **estou telefonando** para o hotel.
9. Vocês **estão a estudar**./Vocês **estão estudando**.
10. Elas **estão a trabalhar**./Elas **estão trabalhando**.

V  Utilização de *divertir-se* no presente do conjuntivo:

1. Espero que vocês se **divirtam**.
2. Desejo que te **divirtas** muito.
3. Oxalá que nos **divirtamos.**
4. Esperamos que elas se **divirtam.**
5. Talvez eles não se **divirtam** muito.
6. Queres que eu me **divirta** numa festa onde não conheço ninguém?
7. Oxalá que ele se **divirta.**
8. Duvido que ela se **divirta** lá.
9. Não acredito que você se **divirta** muito amanhã.
10. Não me pode dizer que eles não se **divirtam**.

VII B Resumo

**Festa Junina no Brasil**
Na noite de 24 de junho festeja-se o dia de S. João e principalmente no campo a festa é muito bonita: as pessoas vestem fatos velhos de camponês e comem, bebem e conversam à volta de uma fogueira. Deitam-se foguetes, dança-se quadrilha, faz-se o casamento simbólico da *noiva* com o seu *noivo* e, no fim, salta-se a fogueira de S. João.

**Unidade 7**

AE I Vocabulário

1. A cultura do café surgiu no Brasil no século XIX.
2. No princípio a mão-de-obra era escrava.
3. A famosa Avenida Paulista, hoje repleta de bancos e edifícios enormes, era a avenida onde residiam esses *barões*.
4. No Brasil havia muito pau-brasil na Mata Atlântica, por isso se mudou o nome original de *Terra de Santa Cruz* para *Terra do Brasil*.
5. ... o estado de Minas Gerais ficou famoso pelas pedras preciosas e semipreciosas.
6. E por falar nisso, eu trouxe um presentinho para você, Alexandra.

II Interpretação

1. A cultura do café deu origem a grandes transformações em S. Paulo, pois permitiu um rápido desenvolvimento da cidade. Com a vinda de mão-de-
-obra italiana para S. Paulo e devido à riqueza que o café trouxe a brasi-
leiros e italianos, a cidade transformou-se numa cidade moderna, rica e com belas casas.
2. Deu-se o nome de *Brasil* ao país conhecido por *Terra de St^a Cruz*, porque existia muito pau-brasil na Mata Atlântica.
3. Minas Gerais, associações: pedras preciosas e semipreciosas, bem como ferro.
4. O Roberto trouxe uma caixinha com pedrinhas para a Alexandra. Ela gostou, mas disse que também gostaria de uma esmeralda e de uma água·
-marinha.

III Resumo

Roberto, natural de Ouro Prêto, mas residente em Lisboa, passou férias no Brasil. Ele fez uma grande viagem por quase todo o país: primeiro, esteve no estado de São Paulo, onde visitou uma fazenda de café; depois foi à Bahia. Neste estado, ele encontrou um canavial de cana-de-açúcar e uma plantação de cacau, a que tirou fotografias. Além disso, ele também tirou fotografias numa feira e num parque nacional com árvores enormes. No Pantanal ele pôde ver jacarés e continuou a sua viagem em direção à Amazónia. Aqui ele andou de barco no Rio Amazonas e viu a famosa vitória régia - uma planta aquática impressionante. No estado do Ceará, em Fortaleza, ele fez um passeio de jangada - um género de barco à vela. De volta a Minas Gerais, ele passou por uma montanha de ferro.

PG VI B Tradução 1

**O aparecimento das Cataratas do Iguaçú** (segundo uma lenda dos Índios)

Há muitos, muitos anos, o Rio Iguaçú era uma pequena corrente de água (/corria lentamente no seu leito). Ele dava água e peixes aos Índios que viviam nas suas margens e servia de cenário aquando dos seus rituais - tudo se desenrolava em redor do rio. Entre os deuses em que os Índios acredita-
vam, também existia um deus mau que só trazia má sorte aos Índios e se revoltava contra os deuses bons. Para o acalmar, todos os anos os Índios sacrificavam uma indiazinha em sua honra. Certo dia, foi escolhida uma moça muito linda e já estava tudo preparado para a cerimónia. Da vizinhan-
ça, também tinham vindo outros índios; entre eles havia um que se tinha apaixonado pela indiazinha. Os dois apaixonados decidiram fugir, pois que-
riam, juntos, viver felizes noutro lugar, mas o deus mau trocou-lhes as voltas. No momento em que os dois amantes estavam a entrar no barco para fugir, o deus mau atirou-se para o meio deles. Para os separar para sempre, dividiu o rio em duas partes e, simultaneamente, transformou a indiazinha numa rocha e o rapaz numa palmeira: a rocha ficou em baixo e a palmeira na parte

mais alta do rio. Assim apareceram as Cataratas do Iguaçú. Contudo, os deuses bons tiveram pena dos dois índios e quiseram uni-los de novo. Para isso, criaram um arco-íris que com uma extremidade toca na palmeira e com a outra na rocha.
Talvez seja por esta razão que em sítio nenhum o arco-íris é tão lindo como nas Cataratas do Iguaçú.

Tradução 2

**Sobre a origem da mandioca** (segundo uma lenda indígena)

Há muito tempo, a filha de um chefe da tribo teve um bebé - uma menina - fora do vulgar. Ela tinha cabelos claros e era encantadora, ainda mais bonita do que a sua mãe. Foi vista por todos como um presente da Lua, pois só a Lua tinha uma beleza comparável à sua. Contudo, a menina, que se chamava Mandi, era muito fraca e estava sempre doente. Certa noite ela morreu. Todos ficaram extremamente tristes e a mãe decidiu enterrar a filha na oca - nome da cabana dos Índios. A partir desse dia a mãe passava horas e horas a chorar, sentada ao lado da sepultura de Mandi. Com o tempo, cresceu lá, pouco a pouco, uma planta desconhecida. A mãe de Mandi desenterrou a planta e vieram à luz do dia umas raízes, claras e de bom cheiro. Nessa noite o avô de Mandi - o chefe da tribo - teve um sonho em que lhe mostraram como se deviam plantar e preparar essas raízes para obter alimento suficiente para todos. Mandi tinha-se transformado numa raíz e desde esse dia tornou-se a principal fonte alimentar dos Índios. Daí o nome *mandioca:* formado a partir de *Mandi* e do sítio onde apareceu - *oca*.

VIII  Substituição do infinitivo pelo devido tempo gramatical:

**História do café**
Muitas histórias **falam** sobre a origem do café. A mais conhecida **data** do ano 800, quando um dia um pastor **notou** em algumas das suas cabras uma grande energia. Nesse dia, elas **tinham comido** certos frutinhos vermelhos que o pastor não **conhecia.** À noite, o pastor **voltou** a casa, **contou** à mulher o que **tinha acontecido** antes e **mostrou-lhe** as bolinhas vermelhas que ninguém **conhecia.** Perante a admiração da mulher, o pastor **acrescentou**:
- Se nós **torrarmos** e **moermos** os grãos, de modo que **obtenhamos** um pó, talvez **possamos misturá-lo** com água.
- E depois **bebê-lo** - **acrescentou** a mulher.
Assim **fizeram** e **obtiveram** uma bebida agradável e estimulante. Deste modo **tinham inventado** o café, hoje conhecido no mundo inteiro.

**Unidade 8**

AE I Vocabulário

1. A década de 30 é representativa da evolução política em Portugal ...
2. Em 1933 entra em vigor a nova Constituição Política, elaborada segundo novos parâmetros estabelecidos por Salazar.
3. Outras medidas tomadas a fim de reforçar o regime foram ...
4. Em 1962 houve uma revolta académica.
5. ... militares, que anunciaram a queda do governo.
6. ... as pessoas jubilaram como se vivessem a realização do seu maior desejo.

II Interpretação

1. A década de 30 é representativa da evolução política em Portugal dos quarenta anos seguintes, pois com a tomada de posse de Salazar como Presidente do Conselho (1932) e a elaboração da nova Constituição Política (1933) iniciou-se um novo regime em Portugal, também conhecido por *Ditadura de Salazar*. Este regime foi continuado por Marcelo Caetano e prevaleceu em Portugal até 1974; no dia 25 de abril de 1974 deu-se a *Revolução dos Cravos* que pôs fim à ditadura.
2. Em 1932 António de Oliveira Salazar toma posse como Presidente do Conselho; em 1933 entra em vigor a nova Constituição Política, de acordo com novos parâmetros estabelecidos por Salazar. Além disso, foram criadas uma polícia política e uma censura à imprensa e foram proibidas greves e associações políticas dos partidos de oposição. Em resumo, foram tomadas todas as medidas que permitissem a consolidação do regime autoritário.
3. No texto fala-se da revolta militar de 1949 e da revolta académica de 1962.
4. A chamada *Revolução dos Cravos*, no dia 25 de abril de 1974, pôs fim ao regime.

III

Durante a noite de 25 de abril de 1974, forças militares avançaram de vários pontos do país. Marcelo Caetano e Américo Tomás renderam-se aos militares, que anunciaram à população a queda do governo. A revolução decorreu sem sangue e as pessoas festejaram o fim do regime, na rua, num ambiente de grande festa. No próprio 25 de abril o MFA fez a apresentação do seu programa, bem como dos elementos da *Junta de Salvação Nacional*, que assumiu a presidência da República. Em maio criou-se o 1º Governo Provisório, seguido por outros até às eleições para a Assembleia Constituinte em 1975. Depois de elaborada a Constituição, realizaram-se as eleições para a Presidência da República em 1976 e foi eleito Ramalho Eanes - assim tomou posse o 1º Governo Constitucional da 2ª República.

PG V

1. Se eu pudesse, **iria** a Portugal nas férias.
2. Se nós tivéssemos tempo, **iríamos** ao cinema logo à noite.
3. Se ele tivesse dinheiro, **compraria** uma casa nos Açores.
4. Se tu quisesses, **acabarias** o trabalho ainda hoje.
5. Se vocês estivessem na Alemanha no verão, **convidar-vos-ia** para a minha festa de aniversário.
6. Se eu fosse a Portugal nas férias, **visitaria** os meus amigos alentejanos.
7. Se nós vivêssemos no Brasil, tu também **falarias** português todos os dias.
8. Se houvesse muita neve no Natal, **tiraria** uma semana de férias.
9. Se as casas na cidade fossem mais baratas, **compraria** uma no centro.
10. Se eu comprasse um carro, **escolheria** um pequeno.

## Unidade 9

AE I Vocabulário

1. Nos finais do séc. III a.C. o Império Romano alastrou-se à Península.
2. Apesar da longa resistência por parte dos Lusitanos, os Romanos domina-ram a Península.
3. Após adquirir novamente uma unidade religiosa e política, a Península vai ser invadida outra vez ...
4. Nestes reinos formaram-se os condados - zonas que o rei concedia a um nobre com fins administrativos.
5. Por morte de D. Henrique, D. Teresa assume a regência ... a atitude de D. Teresa provocou descontentamentos; há dissidentes ...
6. Aquando do processo de povoação do país, desenvolveu-se a agricultura, bem como o comércio.

II Interpretação

1. Cerca de 1000 a.C. viviam na Península Ibérica diversos povos, entre eles os Iberos e os Celtas, da união dos quais resultaram os Celtiberos. A partir do séc. VIII a.C. chegaram à Península Gregos, Fenícios e Cartagineses, com fins comerciais. O Império Romano chegou à Península no fim do séc. III a.C.
2. Os Romanos introduziram na Península novos conhecimentos, graças aos quais se construíram ruas, pontes e arquedutos. Estes conhecimentos con-tribuíram, ainda, para um desenvolvimento da agricultura. Além disso, os Romanos levaram consigo a sua língua - o latim - e os seus deuses. Também no sistema de governo se deram modificações, pois passou a haver um único governo.
3. No fim do séc. IV a Península é invadida pelos Bárbaros e mais tarde, no séc. VIII, pelos Árabes.
4. O Condado Portucalense era governado por D. Teresa - filha do rei de Leão - e seu marido - conde Henrique de Borgonha. Por morte de D. Henrique,

D. Teresa não cedeu o condado a seu filho Afonso Henriques, mas, em vez disso, assumiu a regência e começou a governar juntamente com um conde galego. Esta atitude provocou grandes descontentamentos; o próprio Afonso chefiou os descontentes, venceu os partidários de sua mãe e passou a governar sozinho o condado. Contra o rei de Leão, Afonso Henriques iniciou, simultaneamente, uma luta de independência, que obteve em 1143. Em 1179 o Papa reconheceu o Reino de Portugal como independente.

III

Os Árabes conquistaram toda a Península com exceção de uma região ao norte das serras asturianas. Esta zona continuou em poder cristão e aqui se organizaram as lutas de reconquista, iniciadas por Pelágio e continuadas pelos seus sucessores. Deste modo se formaram, pouco a pouco, diversos reinos cristãos: Astúrias, Leão, Castela, Navarra, Aragão e Catalunha.

PG VI

1. Eu estava a **dormir**, quando o telefone tocou.
2. Eles estavam para **sair**, quando nós chegámos.
3. O artigo está por **ler**.
4. Você acha que um dia há de **ir a Macau**?
5. Ela ia a **entrar no táxi**, quando eu a vi.

X

### 1. Lusitanien
Nach der Mythologie kam Luso, der Sohn Bacchus', als er die ganze Welt bereiste, um Länder für sich einzunehmen, auch auf die Iberische Halbinsel. Da er besonders die Gegend südlich von Minho liebte, ließ er sich dort (dauerhaft) bis zu seinem Tode nieder. Deswegen gab man dieser Gegend den Namen "Terras Lusitanas".

### 2. Luís de Camões
Luís Vaz de Camões, ein portugiesischer Dichter des 16. Jahrhunderts, studierte in Coimbra und lebte in verschiedenen Regionen der Welt von Ceuta bis nach Indien und Macao. Obgleich er ein Adliger war, hatte er immer große Schwierigkeiten, so war er öfters verbannt und mehrmals im Gefängnis. Nach Lissabon zurückgekehrt, brachte er seinen einzigen Schatz - das Epos "Die Lusiaden" mit, deren Hauptthema die Reise von Vasco da Gama nach Indien war und in denen er die ganze Geschichte Portugals bis zu jener Epoche darstellt. Luís de Camões widmete das Epos D. Sebastião, der 1578, noch sehr jung, sterben mußte. Der Dichter selbst starb 1580. Ab diesem Jahr beherrschten spanische Monarchen Portugal für 60 Jahre.

### 3. Manuelinische Kunst
Normalerweise spricht man vom *manuelinischen Stil*, um eine Kunstform zu bezeichnen, die von verschiedenen Stilrichtungen beeinflußt ist und in die

Motive exotischer Fauna und Flora genauso wie von Meer und Seefahrt inte-
griert sind, hauptsächlich in gotischen Bauwerken. Der *Manuelinismus* ent-
wickelte sich vom Ende des 15. bis Mitte des 16. Jahrhunderts und ist der
künstlerische Ausdruck jener Epoche: neben großem Reichtum hat die
Eroberung der Meere Portugal das Kennenlernen einer unbekannten Welt
gebracht. Durch das Schmücken bereits bestehender Denkmäler mit neuen
Elementen fand man eine Form, um bildnerisch auf die Entdeckungen hin-
zuweisen. Von daher rührt der ausufernde, naturbezogene und gleichzeitig
symbolische Charakter des *Manuelinismus*. Der *Manuelinismus* reicht nicht
heran an die Großartigkeit eines europäischen Stils, behauptete sich aber als
typisch portugiesisch wie sein unübersetzbarer Name aussagt - "manuelino"
heißt: von D. Manuel.

## Unidade 10

AE I Vocabulário

1. Alguns cafés continuam a ser *sala de leitura e de estudo*.
2. A hora da bica significa encontrar-se com os amigos e trocar impressões
   sobre os mais variados temas.
3. Mas não nego a minha admiração por uma boa equipa de futebol.
4. Bom, mas nem toda a gente passa a vida agarrada à televisão à espera da
   hora da telenovela ...
5. ... não há grande procura de gente do meu ramo.
6. Gostei muito do estágio lá, mas, de momento, estou farta de arranha-céus.

II Interpretação

1. O encontro no café tem tradição. Ainda hoje, alguns cafés de Lisboa,
   Coimbra ou do Porto, continuam a ser um lugar onde se lê ou estuda. Por
   exemplo em Lisboa, há anos atrás, era precisamente no café que muitos
   intelectuais se encontravam e discutiam. Hoje em dia ainda se pode encontrar uma fotografia, uma pintura ou até mesmo uma estátua de um litera-
   to dos tempos passados no *seu* café. Atualmente, à hora da bica, as pessoas
   encontram-se com amigos no café e aproveitam para falar um pouco sobre
   os mais variados temas - o café não perdeu as características de *ponto de
   encontro* de amigos.
2. A Sofia é portuguesa e já terminou o curso de contabilidade; o Jossias é
   moçambicano e está a acabar gestão de empresas; o Agostinho é angolano
   e estuda belas-artes e a Nair é brasileira e colega do Agostinho.
3. O Agostinho parece gostar de revistas, o Jossias gosta de futebol, a Nair
   prefere ver telenovelas na televisão e a Sofia gosta de cinema e de ir des-
   cansar à/na quinta da avó.
4. Eles acabaram por ir passar o domingo à/na quinta da avó da Sofia.

III

A Sofia já terminou o curso de contabilidade e já fez um estágio. A seguir, candidatou-se e uma firma deu-lhe logo uma resposta positiva - o lugar é quase certo.
O Jossias está a acabar gestão de empresas, mas acha que não há grande procura de pessoas do seu ramo. Contudo, ele espera não ter grandes dificuldades em encontrar um emprego.

PG IV

1. Em fevereiro o Algarve **deve estar** lindo com as amendoeiras em flor.
2. Aquele senhor **deve ser** o novo diretor da firma.
3. Não te **parece** que amanhã vá nevar (/neve) outra vez?
4. A sopa **deve ser** de ontem, porque não está boa.
5. Ele diz que lhe **parece** impossível acabar o trabalho hoje.
6. A Odete ainda não **deve estar** em casa, pois é muito cedo.

V

1. Vamos à Guiné **daqui a** quatro semanas.
2. A Dina foi ao Brasil **há** dois anos.
3. A Solange e o Frederico estiveram aqui em casa **há** três dias.
4. Você começa a trabalhar **daqui a** quanto tempo?
5. Tu acabaste o curso **há** quantos anos?
6. O filme começa **daqui a** dez minutos.

XI   Tradução

**Conversa sobre a tradição do *Jardim da Cerveja* em Munique**
*Patrícia* - O Jardim da Cerveja é *uma parte* da Baviera, não é verdade?
*Sepp*  - É, mas os mais bonitos encontram-se em Munique.
*Patrícia* - Parece-me um pouco exagerado. Há dois dias estive num *Jardim da Cerveja* muito lindo, na margem de um lago, fora de Munique.
*Sepp*  - Também temos um assim em Munique, mesmo no lago. Vá ao Jardim Inglês, por exemplo.
*Patrícia* - Está bem, mas o que é que há de especial no *Jardim da Cerveja*, além de se beber cerveja por uma caneca de litro?
*Sepp*  - Castanheiros para dar sombra, pessoas bem dispostas e o cheiro a grelhados fazem parte do *Jardim da Cerveja;* as pedrinhas - o seixo - também não podem faltar e, por último, a sede para tomar uma cerveja fresquinha, claro. Tudo isto fornece o ambiente especial, e próprio, do *Jardim da Cerveja*.
*Patrícia* - Mas aqui nem faz muito calor...
*Sepp*  - No verão faz! E quando se mora na cidade precisa-se de um lugar bonito e fresco para nos encontrarmos com os amigos depois do trabalho (/nos tempos livres).
*Patrícia* - Mas não há muita coisa para comer, pois não?

*Sepp*     - Frango assado, peixe, salsichas, queijo, rábano e pão, isto não chega? E perninhas de porco, evidentemente.

*Patrícia* - Começo a compreender a vossa predileção pelo *Jardim da Cerveja*.

*Sepp*     - E, além disso, às vezes até há música.

## XII

A Sofia perguntou se eles sabiam o que é que iam fazer no domingo.

O Agostinho respondeu que ainda não tinham programa, mas que a irmã da Nair lhes tinha dito que a revista no D. Maria era fantástica.

O Jossias disse que não lhe falasse(m) em revistas e que não sabia como eles tinham tal interesse por revistas.

A Nair perguntou ao Jossias como era com o seu futebol; só pelo Eusébio ser da terra dele ...

O Agostinho disse que pelos vistos estavam todos fartos da cidade.

A Sofia pediu que não se esquecessem que tinha chegado há pouco da América; ela disse que tinha gostado muito do estágio lá, mas que estava farta de arranha-céus. A quinta da sua avó era (/é) o seu refúgio: o campo, o sossego, o ar puro ...

A Nair disse que a Sofia no domingo à noite já tinha saudades da cidade, e perguntou se era verdade ou não.

A Sofia respondeu que sim e que o café lá sabia (/sabe) melhor.

## Unidade 11

AE I Vocabulário

1. Como defensor do meio ambiente, o Paulo aborda assuntos de ordem ecológica.
2. Assim vão contribuir para o congestionamento de trânsito.
3. ... que se estão a tentar desenvolver políticas habitacionais que permitam às pessoas que trabalham em Lisboa retornar ao centro da cidade.
4. Não sei como é possível morar num prédio onde habitam centenas de pessoas que nem se conhecem.
5. Muitos agricultores tiraram proveito dos fundos comunitários.
6. ... é o reverso da medalha.

II Interpretação

1. Os temas da conversa são problemas de habitação, vantagens e desvantagens de morar na cidade, industrialização de zonas rurais e assuntos de ordem ecológica.
2. O casal Cardoso procura uma casa em Cascais, de 4 a 5 assoalhadas, com cerca de 100 m², num local sossegado e com garagem.
3. O Paulo acha que trabalhando em Lisboa e morando fora da cidade se contribui para o congestionamento de trânsito.
4. O Paulo Ramos concorda que se fez muita coisa positiva no campo de apoi-

os comunitários no tocante à agricultura, por exemplo, mas também vê aspectos negativos; ele dá como exemplo a repovoamento florestal e explica que as plantações de eucalipto são o reverso da medalha.

III

1. errado    2. errado    3. certo    4. certo    5. errado (o desenvolvimento industrial deu-se depois da entrada de Portugal no Mercado Comum.)
6. errado    7. errado    8. errado    9. certo    10. errado

PG VII

1. **Procura-se vivenda em lugar privilegiado!**
   Bairro elegante, cerca de 300 m², jardim e garagem, de preferência com energia solar e sala com lareira.

2. **Procura-se moradia!**
   6 assoalhadas no centro da cidade, cerca de 230 m², bons acabamentos, garagem.

3. **Apartamento, procura-se!**
   50 a 60 m², local sossegado, de preferência a estrear.


## Unidade 12

AE I  Vocabulário

1. De madrugada acorda sobressaltado com o telefone tocando.
2. Eram eles se preparando para dar o fora.
3. Deu para ver a cara deles?
4. E como é que eles conseguiram entrar?
5. Os pilantras tentaram roubar um carro na avenida da França.
6. ... foram apanhados com a mão na massa.

II Interpretação

1. O Sr. Gilberto foi acordado muito cedo com o telefone a tocar - era o porteiro para lhe dizer que o seu apartamento tinha sido assaltado durante a noite.
2. Por volta da meia-noite, dois homens arrombaram a fechadura da porta do apartamento do Sr. Gilberto e roubaram valores que transportaram num saco grande. Depois fugiram pela escada de serviço.
3. Um dos assaltantes era branco, baixo e gordo, tinha cabelos compridos e lisos e barba ou bigode. Ele usava calças brancas e camisa preta. O segundo assaltante era mulato, alto, magro, tinha óculos e usava umas bermudas coloridas.

4. Depois do roubo, os assaltantes tentaram roubar um carro, mas foram vistos pela polícia e presos. O saco com o roubo foi igualmente levado para a polícia, onde o Sr. Gilberto o foi buscar mais tarde.

III

1c) porque dois homens tinham assaltado o apartamento do Sr. Gilberto.
2b) para fugirem.
3a) porque arrombaram a fechadura.
4a) porque não havia outro mais cedo.
5a) já a polícia tinha apanhado os ladrões.

PG X

Por volta das 2h da madrugada, a polícia mandou parar um carro que circulava sem luzes em frente da discoteca "O Moinho". O condutor parou o carro, mas, quando o polícia se aproximava do veículo, acelerou, na tentativa de atropelar o agente da polícia; isto só não aconteceu porque o polícia se atirou para o passeio, não sendo, assim, atingido. No entanto, o veículo veio a causar danos a uma outra pessoa: um jovem de dezanove anos, que estava sentado na sua bicicleta em frente da discoteca, foi ferido e, consequentemente, levado para o hospital. O condutor conseguiu fugir. Apesar de ainda não se conhecer a identidade do responsável pelo acidente, sabe-se que o carro tinha matrícula falsa, pois, mais tarde, foi encontrado abandonado na mata. Decorrem investigações para identificação do condutor e da pessoa que o acompanhava.

**Sugestão**

**Rescreva alguns textos** do livro em português do Brasil **ou** de Portugal. Exemplo: Unid. 12, AO - texto no original na variante brasileira, agora rescrito em português de Portugal:

**Assaltantes apanhados com a mão na massa**

O Sr. Gilberto da Cunha mora em Salvador da Bahia, mas está a passar o fim de semana na Ilha de Itaparica. De madrugada, acorda sobressaltado com o telefone a tocar.

*Sr. Gilberto* - Está!
*Voz*          - Estou sim, quem fala?
*Sr. Gilberto* - Com quem quer falar a estas horas da noite?
*Voz*          - Com o senhor Gilberto. É urgente. Ele está?
*Sr. Gilberto* - É ele mesmo. Quem fala?
*Voz*          - Aqui é o Joaquim de Salvador, o guarda noturno.
*Sr. Gilberto* - O Joaquim da portaria? Aconteceu alguma coisa?

| | |
|---|---|
| *Voz* | - Ai, Sr. Gilberto! Queria dizer-lhe que hoje à noite assaltaram o seu apartamento. |
| *Sr. Gilberto* | - Deus do céu! A que horas é que isso aconteceu? |
| *Voz* | - Olhe, eu tinha acabado de chegar, ia começar o serviço, porque era meia-noite; ouvi um barulho (meio) esquisito e saí para ver. De repente, vi dois homens a correr (/correrem) na escada de serviço. Eram eles a preparar-se para fugir. Eu corri atrás deles, mas não consegui alcançá-los - como eu tinha caído na véspera, eu mancava um pouquinho. Tive de desistir e voltar para trás. |
| *Sr. Gilberto* | - Conseguiu ver a cara deles? |
| *Voz* | - Havia um que era baixo, branco, gordo e de cabelos lisos e compridos. Acho que tinha barba ou bigode. Ele estava vestido de calça branca e camisa preta. O outro era mulato, alto, magro e usava óculos. Ele tinha umas bermudas coloridas. |
| *Sr. Gilberto* | - E como é que eles conseguiram entrar? |
| *Voz* | - Ora, arrombaram a fechadura da porta, é claro! |
| *Sr. Gilberto* | - O que é que eles levaram? |
| *Voz* | - Não sei. Vi-os com (/a levar) um saco grande. Ele era azul e estava cheio ... e parecia pesado! Acho melhor o senhor voltar já. |
| *Sr. Gilberto* | - Vou tomar o próximo ferry-boat. |
| *Voz* | - Pois é! Eu teria telefonado mais cedo, mas eu sabia que o senhor não poderia voltar antes das seis horas, não é? |
| *Sr. Gilberto* | - É. Se você tivesse telefonado mais cedo, eu não teria podido fazer nada. Chame-me a polícia, está bem? |
| *Voz* | - Não se preocupe, Sr. Gilberto, já telefonei. Até logo! |

O Sr. Gilberto tomou o primeiro ferry-boat e quando chegou ao seu prédio esperava-o outra surpresa.

| | |
|---|---|
| *Joaquim* | - Sr. Gilberto! Veja só, a polícia já os apanhou! |
| *Sr. Gilberto* | - Como? |
| *Joaquim* | - Os malvados tentaram roubar um carro na avenida da França e um polícia viu-os - foram apanhados com a mão na massa. O senhor tem de ir à polícia. O saco com o roubo também está lá. Que sorte, não é verdade? |

# 2ª parte: Tradução português / alemão

## Wichtige Hinweise zum Wörterverzeichnis

In diesem Teil finden Sie das Wörterverzeichnis zu Band 2 alphabetisch geord-net.

Die Vokabeln sind mit den unterschiedlichen Symbolen des jeweils zugehörigen Teiles einer Einheit (AO, AE, AL, TC oder PG) gekennzeichnet, z.B.:

| | |
|---|---|
| admiração (a) (U1, AO) | Bewunderung; hier: Verwunderung |
| adulto (o) (U6, PG VII) | Erwachsener |

Der Artikel steht jeweils nach dem Substantiv: admiração **(a)**, adulto **(o)**;
U1 = Unidade 1, AO = atividade oral; U6 = Unidade 6, PG = parte gramatical.

## Notas importantes quanto à segunda parte

1. Na tradução português/alemão encontra-se todo o vocabulário do volume II por ordem alfabética. Em parênteses são indicadas a unidade e a respectiva parte da unidade em que a palavra aparece pela primeira vez. Ex.:

| | |
|---|---|
| admiração (a) (U1, AO) | Bewunderung; hier: Verwunderung |
| adulto (o) (U6, PG VII) | Erwachsener |

O artigo está colocado depois do substantivo: admiração **(a)**, adulto **(o)**;
U1 = Unidade 1, AO = atividade oral; U6 = Unidade 6, PG = parte gramatical.

# Wörterverzeichnis Portugiesisch-Deutsch

| | |
|---|---|
| A cidade tem andado em festa (U3, Titel) | Die Stadt ist in Feststimmung/die Stadt feiert gerade |
| a 1600 km de Lisboa (U1, TC) | 1600 km von Lissabon entfernt |
| a avó ia a sair, quando deparou com ... (U9, AO) | die Großmutter wollte gerade hinausgehen, als sie die zwei sah |
| a fim de que (U6, PG IB) | damit |
| a gente (U5, AO) | wir, man (umgangssprachlich) |
| a gosto (U5, AL) | nach Geschmack |
| a horas (U6, PG IB) | rechtzeitig |
| a menor (U2, AO) | die kleinste |
| a menos que (U6, AO) | es sei denn |
| a não ser que (U6, PG IB) | es sei denn |
| a nível comercial (U3, AL) | unter wirtschaftlichen Gesichtspunkten |
| a partir de (U2, PG IB) | hier: mit, mittels |
| a perder de vista (U4, TC) | soweit das Auge reicht |
| a porta que dá para o jardim (U5, AO) | die Tür zum Garten |
| a propósito (U7, AE I) | übrigens |
| a própria cozinha popular (U8, PG XII) | selbst die einheimische Küche |
| a própria população (U3, AO) | selbst die Bevölkerung; hier: besonders die Bewohner von Coimbra |
| a seguir a (U3, TC) | nach |
| a sopa ainda está por fazer (U9, PG II) | die Suppe muß noch zubereitet werden |
| a tempo (U6, PG IB) | rechtzeitig, früh genug |
| a toda a pressa (U1, AL) | so schnell es ging/geht |
| a.C. (antes de Cristo) (U3, TC) | v. Chr. (vor Christus) |
| abacate (o) (U7, AO) | Avocado |
| abacaxi (port.: ananás) (o) (U7, AO) | Ananas |
| abaixo de/por baixo de/debaixo de (U12, PG V) | unterhalb (von), unter |
| abalo de terra (o) (U4, AO) | Erdbeben |
| abandonado (U12, AL) | stehen gelassen |
| abandono (o) (U11, AL) | hier: Abwanderung |
| abdicar do direito à Coroa a favor de (U9, AL) | auf die Krone verzichten zugunsten |
| aberto (Partizip v. abrir) (U2, PG IIB) | offen, aufgemacht |
| abóbora (a) (U6, PG VII) | Kürbis |
| abolição da escravatura (a) (U7, AO) | Abschaffung der Sklaverei |
| abordar (U2, 1. Seite) | erwähnen, behandeln |
| absolutista (U9, AL) | absolutistisch |
| acabado (Introd., PG II) | beendet |
| acabamentos de 1ª qualidade (os) (U11, AO) | erstklassige Ausstattung |
| acabar por (U10, AE II) | schließlich etwas tun |
| académico (U8, AO/AL) | akademisch |
| açaimo (o) (bras.: a mordaça) (U8, Ao/Al) | wörtl.: Maulkorb |
| ação (a) (Introd., PG II) | Handlung |

| | |
|---|---|
| acarajé (o) (U6, TC) | Gericht aus in Palmöl gebackener Bohnenmasse, die man zu Krabben ißt (afro-bras.) |
| acelerar o carro (U12, AL) | Gas geben; starten |
| acender (U2, PG IIA) | anzünden |
| acento agudo (o) (U8, PG IB) | Akut (´) (Akzent) |
| acidente (o) (U12, AL) | Unfall |
| aclamar (U9, AL) | akklamieren, zurufen |
| acompanhado (U1, AO) | in Begleitung |
| acompanhar-nos-á (U4, AO) | wird uns begleiten |
| acompanhe com sorvete (U5, AL) | reichen Sie Eis dazu (Sg.) |
| aconselhar (U6, PG IB) | raten, beraten |
| aconselhável (U6, PG IB) | ratsam |
| acontecer (U1, AO) | geschehen |
| acontecimento (o) (Introd., PG II) | Geschehen, Ereignis |
| acordo de paz (o) (U8, TC) | Friedensvertrag |
| açor (o) (U1, TC) | Habicht |
| açoriano (U1, AL) | Bewohner der Azoren, azoreanisch |
| acostumar-se a (U12, PG III) | sich an etwas gewöhnen |
| acreditar (U1, AO) | glauben |
| acrescentando (U4, PG IA) | indem man hinzufügt |
| acrescentar (U2, AO) | hinzufügen |
| acrescente (Imperativ v. acrescentar) (U5, AO) | geben Sie dazu (Sg.) |
| acumulado anteriormente (U4, AO) | vorher angehäuft |
| adaptar-se à vida citadina (U11, AO) | sich dem Stadtleben anpassen |
| adaptação (a) (U12, TC) | Adaptation |
| adepto (o) (U6, AL) | Anhänger |
| adequado (Ap., I) | passend, richtig |
| adiar (Ap., I) | verschieben |
| adição (a) (U10, PG III) | Hinzufügung; hier: Anhängen |
| adicione (Imp. v. adicionar) (U5, AL) | geben Sie hinzu (Sg.) |
| adjetivo (o) (U1, PG VI) | Adjektiv, Eigenschaftswort |
| admiração (a) (U1, AO) | Bewunderung; hier: Verwunderung |
| admirar (U10, AE I) | bewundern; achten |
| adorar (U11, AO) | lieben; wörtl.: abgöttisch lieben, verehren |
| adquirir (U8, TC) | erhalten |
| adquirir mais poder (U8, AO/AL) | mehr Macht erlangen/gewinnen |
| adulto (o) (U6, PG VII) | Erwachsener |
| advérbio (o) (U8, PG III) | Adverb |
| advir de (U7, TC) | sich ergeben aus, dazukommen |
| afetar (U4, AO) | betreffen, umfassen |
| afinal (U10, AO) | also, nun |
| afirmação (a) (U1, AE II) | Behauptung |
| afirmar (U1, AO) | behaupten |
| afirmativa (a) (U5, PG IA) | Bejahung |
| afluir (U2, TC) | zuströmen |
| África lusófona (a) (U6, PG IIB) | portugiesischsprechendes Afrika |
| africanização (a) (U8, PG XII) | Afrikanisierung |
| africano (o) (U6, TC) | Afrikaner |
| africano (U5, AO) | afrikanisch |

| | |
|---|---|
| agarrado à televisão à espera de ... (U10, AO) | vor dem Fernseher, auf ... wartend |
| ágata (a) (U7, AO) | Achat |
| agente da passiva (o) (U11, PG IA) | Urheber der Handlung |
| agente da polícia/policial (o) (U12, AL) | Polizist |
| agitação (a) (U6, AO) | Unruhe |
| agitar-se (U8, AO/AL) | gären, unruhig werden |
| agosto (U11, AL) | August |
| agradável (U1, PG VI) | angenehm |
| agravar (U2, TC) | verschlimmern |
| agrícola (Adjektiv) (U2, AL) | landwirtschaftlich |
| agricultor (o) (U11, AO) | Bauer |
| agricultura (a) (U2, AO) | Landwirtschaft |
| água-marinha (a) (U7, AO) | Aquamarin |
| aguardente (a) (U6, AL) | Schnaps |
| água quente (a) (U5, AO) | warmes Wasser |
| ah, é verdade, ... (U12, AL) | hier: ach, noch etwas ... |
| aia (a) (U1, AO) | Dienerin, Hofdame |
| ainda bem (U4, PG II) | zum Glück |
| ainda que (U6, PG IB) | wenn auch |
| ajudar (U4, PG VIIIC) | helfen |
| ala (a) (U6, AO) | Flügel, Reihe |
| alargamento para o sul (o) (U9, AO) | Ausdehnung/Erweiterung nach Süden |
| alargou-se à Itália, à Inglaterra (U10, TC) | hat sich in Italien und England verbreitet |
| alastrar (U8, AO/AL) | verbreiten, ausdehnen |
| alcançar a maioria dos votos (U8, AO/AL) | die Mehrheit der Stimmen erreichen |
| alcançar o esplendor (U10, TC) | den Höhepunkt/den größten Erfolg erreichen |
| aldeia (a) (U4, AO) | Dorf |
| alegrar (U1, AO) | erfreuen, Freude machen |
| alegre (U1, AE I) | froh, fröhlich |
| além de (U2, AO) | außer |
| além disso (U2, PG IIA) | außerdem |
| além do mais (U3, AO) | außerdem |
| além do Tejo (U3, TC) | nach dem (Fluß) Tejo |
| alentejano (U3, TC) | aus dem Alentejo |
| Algarve (o) (U1, AO) | südlichstes Gebiet Portugals |
| algo (U2, PG IC) | etwas |
| algo de passageiro (U3, AO) | etwas Vorübergehendes |
| alguma coisa (U5, AE II) | irgend etwas |
| alguma vez (U6, AE II) | irgendwann |
| alguns dias mais tarde (U6, AO) | einige Tage später |
| alguns minutos (U5, AO) | ein paar Minuten |
| alguns/algumas (U7, PG III) | einige, manche |
| alheio (U1, AO) | fremd |
| aliás (U4, AO) | übrigens, sonst |
| alimentar (U2, AO) | die Ernährung betreffend |
| alimento básico dos habitantes (o) (U8, TC) | hier: Hauptnahrungsmittel der Einwohner |

| | |
|---|---|
| alma (a) (U3, AO) | Seele |
| alojamento (o) (U4, PG VII) | Unterkunft |
| altamente explosivo (U4, AO) | höchst explosiv |
| alteração (a) (U1, TC) | Änderung, Veränderung |
| alterar o sentido (U4, PG VII) | den Sinn (ver-)ändern |
| alternadamente (U10, TC) | abwechselnd (Adverb) |
| alternativa (a) (U4, PG VIIIB) | Alternative |
| Alteza (a) (U1, AO) | Hoheit (Titel) |
| altitude (a) (U2, AL) | Höhe |
| Alto Alentejo (o) (U3, TC) | Oberer Alentejo |
| altura (a) (Introd., PG IB) | wörtlich: Höhe; hier: Zeit |
| alugar (U11, 1. Seite) | vermieten, mieten |
| aluno (o) (U9, PG IIIB) | Schüler, Lernende |
| amabilidade (a) (U4, AO) | Liebenswürdigkeit |
| amadurecer (U2, AO) | reifen |
| amanhecer (o) (U6, AL) | Morgendämmerung, Tagesanbruch |
| amava (Imp. v. amar) (U1, AO) | liebte |
| ambiente conveniente (o) (U3, AO) | richtige Umgebung |
| ambos muito famosos (U1, AO) | beide sehr berühmt |
| ambos os (Introd., PG II) | beide |
| ambos os/ambas as (U2, AL) | beide |
| amendoeira (a) (Introd., AO) | Mandelbaum |
| amendoim torrado (o) (U5, AO) | geröstete Erdnuß/Erdnüsse |
| amor (o) (U3, AO) | Liebe |
| amuleto (o) (U6, PG VII) | Amulett |
| andar a pé (U4, AL) | zu Fuß gehen; auch: wandern |
| andar cansado (U3, PG V) | müde sein (in letzter Zeit) |
| andava na escola (U1, PG VA) | besuchte die Schule |
| anfiteatro (o) (U3, AO) | Amphitheater |
| anoitecer (U3, AO) | dunkel werden |
| anona (a) (bras.: fruta-de-conde) (U4, AL) | Chirimoya (= Anonna) - trop. Frucht |
| anterior (Introd., PG II) | vorhergehend, früher |
| antes que (U6, PG IB) | bevor, ehe |
| anticiclone (o) (U4, TC) | Hochdruckgebiet |
| antigamente (Introd., AO) | damals |
| antigo (U1, TC) | alt |
| antipático (U5, PG IB) | unfreundlich |
| antúrio (o) (U4, AL) | Anthurium - Flamingoblume |
| anunciar (U4, AO) | ankündigen |
| ao aproximar-se a meia-noite (U6, AL) | wenn Mitternacht näherrückt |
| ao certo (U1, AL) | genau, richtig |
| ao comprido (U5, AL) | der Länge nach |
| ao contrário do que (U4, TC) | anders als |
| ao longo dos tempos (U8, PG XII) | während der ganzen Zeit |
| ao meio (U1, PG VII) | in der Mitte |
| ao som das guitarradas (U3, AO) | bei Klängen einer Gitarre |
| ao vivo (U3, PG VI) | live |
| aparecer (U1, AO) | erscheinen |
| apêndice (o) (U5, PG IA) | Anhang |

| | |
|---|---|
| aperitivo (o) (U6, AO) | Aperitiv |
| apesar de tudo (Introd., AO) | trotz allem |
| apesar disso (U4, TC) | trotzdem |
| apito (o) (U6, AO) | Pfeife, Pfiff |
| apoiar (U3, AO) | unterstützen |
| aprender (U3, AO) | lernen |
| apresentar (U4, PG VII) | präsentieren, darstellen, zeigen |
| apresentar-se (U3, TC) | sich vorstellen; sich präsentieren |
| aprovar (U6, PG IB) | zugestehen, gutheißen; auch: genehmigen |
| aproveitar (Introd., AO) | nutzen, ausnutzen |
| aproveitar a oportunidade (U4, AO) | die Gelegenheit ergreifen |
| aproximar-se (U1, PG II) | sich nähern |
| aquando de (U6, PG VII) | anläßlich, zur Zeit |
| aqueça óleo de amendoim (U5, PG IV) | machen Sie Erdnußöl heiß, erhitzen Sie ... |
| ar (o) (Introd., AO) | Luft |
| arborizado (U3, AL) | bewaldet, mit Bäumen bepflanzt |
| área (a) (U4, AO) | Gebiet, Fläche |
| (arqui)bancada (a) (U6, AO) | Tribüne |
| arquipélago (o) (U1, TC) | Archipel |
| arraigado (= arreigado) (U6, TC) | verwurzelt |
| arranjar (U6, AO) | hier: besorgen |
| arranjar bilhetes (U6, PG IB) | Eintrittskarten besorgen |
| arriba (a) (U4, AO) | felsige Küste |
| artesanal (U2, AO) | handgemacht |
| artesanato (o) (U4, TC) | Handarbeit |
| artístico (U3, TC) | künstlerisch |
| as melhoras (U3, PG V) | gute Besserung |
| aspecto (o) (= aspeto) (U4, PG VIIIB) | Aspekt |
| assemelhar-se (U3, AO) | vergleichen |
| assim (Introd., PG II) | so, auf diese Art |
| assinar um contrato (U6, PG IB) | einen Vertrag unterschreiben |
| assistir a (U3, AO) | sehen; besuchen |
| associação (a) (U3, AE II) | Assoziation, Verbindung |
| associar (U2, AL) | verbinden; hier: Gedanken verknüpfen |
| assunto (o) (U2, 1. Seite) | Angelegenheiten, Thema |
| até a própria Natureza (U1, AO) | selbst die Natur |
| até aos nossos dias (U3, TC) | bis heute |
| até já passou uma hora (U5, AO) | es ist sogar schon eine Stunde vorbei |
| até que ponto (U4, PG VII) | inwieweit, inwiefern |
| atingir (U4, AL) | erreichen |
| atividade vulcânica (a) (U4, AO) | Vulkanismus, vulkanische Vorgänge |
| ativo (U4, AE II) | aktiv |
| Atlântida (a) (U1, AL) | Atlantis |
| atónito (U1, AO) | sprachlos, verblüfft |
| atrás (Introd., AE) | zurück; auch: hinter |
| através de (U2, AE I) | durch |
| atualmente (U6, AO) | heutzutage |
| atum (o) (U4, AL) | Thunfisch |
| aumentar (U2, TC) | vergrößern |
| austral (U8, TC) | Süd-, südlich |

| | |
|---|---|
| automóvel (o) (U4, TC) | Auto |
| autónomo (U2, AO) | autonom |
| avaliar (U6, PG VII) | schätzen |
| aveia (a) (U2, AL) | Hafer |
| avião (o) (U4, AE III) | Flugzeug |
| avistar (U4, AO) | erblicken |
| azálea (a) (U4, TC) | Azalee |
| azeite que baste (U5, AL) | Ölivenöl nach Bedarf |
| azeite-de-dendê (o) (U5, AO) | Palmöl |
| azeitona (a) (U5, TC) | Olive |
| à beira-mar (Introd., PG IB) | am Meer |
| à escolha (U7, PG VIC) | nach Belieben |
| à noite (U3, AO) | nachts |
| à porta (U5, AO) | nah an der Tür |
| à procura (U9, 1. Seite) | auf der Suche |
| âmbito da arboricultura (o)(U10, PG III) | Bereich der Baumzüchtung |
| ameaça (a) (U7, TC) | Drohung |
| ametista (a) (U7, AO) | Amethyst |
| analisar (U8, 1. Seite) | hier: beurteilen; auch.: analysieren |
| ancestral (U7, TC) | uralt |
| anel (o) (U7, AO) | Ring |
| angolano (U10, AO) | aus Angola |
| antes de mais, quero (Ap., I) | als erstes möchte ich |
| antes tarde que nunca (Ap., I) | lieber spät als nie |
| ao lado de (U7, AO) | an der Seite, neben |
| ao longo dos tempos (U8, PG XII) | durch die ganzen Zeiten |
| apanhado com a mão na massa (U12, AO) | in flagranti ertappt |
| apanhar ( U11, AL) | hier: pflücken |
| apanhar um assaltante/ladrão (U12, AO) | einen Einbrecher/Dieb schnappen |
| aparecer (U9, AO) | hier: entstehen |
| apassivador (= apassivante) (U11, PG IC) | ..., das ein Passiv bildet |
| apenas (U10, AL) | nur |
| apesar de hoje (U8, Ao/Al) | obwohl heute |
| apogeu (o) (U9, AL) | Blütezeit, Zenit |
| apoio internacional (o) (U8, TC) | ausländische Unterstützung |
| apontar (U7, AE II) | hier: nennen; auch: zeigen, zielen auf |
| após (U8, AO/AL) | nach |
| apoteose (a) (U10, TC) | Apotheose |
| apresentação (a) (U10, AE II) | Vorstellung |
| aproximadamente (U10, AL) | ungefähr |
| aptidão florestal (= floresta) (a) (U11, AO) | Waldbestand |
| aqui vai o que vinha no jornal (U12, AL) | hier folgt, was in der Zeitung stand |
| árabe (U9, 1. Seite) | arabisch |
| arara (a) (U7, TC) | Ara |
| arco (o) e flecha (a) (U7, TC) | Pfeil und Bogen |
| arco-íris (o) (Ap., 1. Seite) | Regenbogen |
| arqueduto (o) (U9, AO) | Aquädukt |
| arquitetura (a) (U9, AL) | Architektur |
| arranha-céus (o) (U10, AO) | Wolkenkratzer |
| arranjar emprego (U10, AO) | eine Stelle finden |

| | |
|---|---|
| arranjar um andar (U11, AO) | eine Wohnung finden |
| arrombar a fechadura da porta (U12, AO) | das Türschloß aufbrechen |
| arte (a) (U9, AO) | Kunst |
| artigo (o) (U9, PG VI) | Artikel |
| artista plástico (o) (U8, Ao/Al) | bildender Künstler |
| artístico (U9, PG X) | künstlerisch |
| as crianças têm a palavra (U11, AL) | die Kinder haben das Wort |
| asfixiante (U8, Ao/Al) | erstickend |
| assaltante (o) (U12, AO) | Einbrecher; auch: Räuber |
| assaltar (U12, AO) | einbrechen; auch: überfallen |
| assalto (o) (U12, AE II) | das Einbrechen |
| assalto a um banco (o) (U12, PG VI) | Banküberfall |
| Assembleia Constituinte (a) (U8, AO/AL) | verfassungsgebende/konstituierende Versammlung |
| assembleia (a) (U8, AO/AL) | Versammlung |
| assim como (U7, PG IC) | wie (auch) |
| assoalhadas (as) (U11, AO) | Wohnräume, Zimmer |
| associação (a) (U8, AO/AL) | hier: Vereinigung |
| assolar (U8, TC) | verwüsten, großen Schaden anrichten |
| assumir (U8, AO/AL) | übernehmen, antreten |
| astronomia (a) (U9, AO) | Astronomie |
| astronómico (U9, AL) | astronomisch |
| atentado (o) (U9, AL) | Attentat |
| até certo ponto (U7, PG IB) | gewissermaßen |
| até lá vê se te pões bom (U12, AL) | schau, daß Du bis dahin wieder auf die Beine kommst |
| atirando-se para o passeio (U12, AL) | indem er sich auf den Bürgersteig warf |
| atitude (a) (U9, AO) | Verhalten |
| atividade principal (a) (U7, TC) | vorrangige Tätigkeit |
| ato (o) (U10, TC) | Akt |
| atropelar (U12, AL) | überfahren |
| atual (U7, PG V) | aktuell, gegenwärtig, jetzig |
| aumento de zonas de pastagem (o)(U7, AL) | Gewinnung von weiterem Weideland |
| austral (U8, TC) | Süd-, südlich |
| autocolante (bras.: adesivo) (o) (U8, Ao/Al) | Aufkleber |
| autor (o) (U10, TC) | Autor |
| autoritário (U8, AO/AL) | autoritär, diktatorisch |
| auxiliar do verbo principal (o) (U9, PG II) | Hilfsverbum (des Hauptverbums) |
| Avenida Paulista (a) (U7, AO) | berühmte Straße in S. Paulo |
| avós (os) (U9, AO) | Großeltern |
| azulejaria (a) (< azulejos) (U11, AO) | große Menge an portugiesischen Kacheln |
| Baco (o) (U9, PG X) | Bacchus |
| bahiana (a) (U6, TC) | Bahianerin |
| bahiano (U5, AO) | von/aus Bahia |
| bairro elegante (o) (U11, PG VII) | vornehmes Stadtviertel |
| Baixa (a) (U3, AO) | Unterstadt |
| Baixo Alentejo (o) (U3, TC) | Unterer Alentejo |
| Baixo Mondego (o) (U3, AO) | unterer (mündungsnaher) Mondego |
| baixo (U12, AO) | wörtl.: niedrig; hier: klein |
| balança (a) e pesos (os) (U12, TC) | Waage und Gewichte |

| | |
|---|---|
| balão de papel de seda (o) (U6, PG VII) | Ballon aus Seidenpapier |
| bambu (o) (U7, AO) | Bambus |
| bananeira (a) (U4, AL) | Bananenstaude |
| bandeirinha colorida (a) (U6, PG VII) | bunte kleine Fahne |
| bando de pássaros (o) (U1, TC) | Vogelschwarm |
| barão (o) (U7, AO) | Baron |
| barba (a) / bigode (o) (U12, AO) | Bart / Schnauzer; auch: Schnurrbart |
| Bárbaros (os) (U9, AO) | wörtl.: Barbaren; hier: Begriff für die |
| verschiedenen Völker der | Völkerwanderung |
| barco à vela (o) (U7, AO) | Segelschiff |
| barzinho gostoso (o) (bras.) (Introd., AO) | nettes Café |
| basáltico (U4, AO) | aus Basalt |
| base (a) (U5, PG IIA) | Grundlage, Basis |
| baseado no sistema de turnos (U10, PG VII) | basierend auf einem regelmäßigen Turnus |
| basta que (U6, PG IB) | es genügt, daß |
| bastante (U2, AO) | ziemlich |
| bastantes (U4, AE III) | ziemlich viele |
| batata doce assada (a) (U6, PG VII) | gebackene Süßkartoffel |
| batucadas dos tambores (as) (U6, AL) | Trommelschläge |
| baunilha (a) (U5, AL) | Vanille |
| bauxite (= bauxita) (a) (U7, AL) | Bauxit |
| Baviera (a) (U4, PG VIII) | Bayern |
| bebe o leite (U5, PG IB) | Trink die Milch! |
| bebé (o) (U6, PG III) | Baby |
| beijar (U1, AO) | küssen |
| belas-artes (as) (U10, AO) | Schöne Künste |
| beleza (a) (U1, AO) | Schönheit |
| belo (U1, AO) | schön |
| bem como (U1, PG IA) | sowie |
| beneficiado (U7, AL) | begünstigt |
| benévolo (U7, PG VIC) | gütig, wohlwollend |
| berilo (o) (U7, AL) | Beryll |
| berimbau (o) (U6, PG VII) | Musikinstrument afrikanischen Ursprungs |
| berloque (o) (U6, PG VII) | Anhänger |
| bermuda colorida (a) (U12, AO) | bunte Bermuda |
| biblioteca (a) (U5, PG IB) | Bibliothek |
| bilheteria (port.: bilheteira) (a) (U6, AO) | Schalter, Kartenvorverkauf |
| boémia (a) (U3, AO) | Boheme |
| bolsa (a) (U12, AO) | Tasche |
| bombinhas (as) e buscapés (os) (U6, PG VII) | eine Art Feuerwerk |
| bondoso (U4, PG VII) | gütig |
| bonito (U1, AO) | schön, hübsch |
| borboleta gigante (a) (U7, TC) | riesiger Schmetterling |
| bordados manuais (os) (U4, TC) | von Hand Gesticktes |
| borracha (a) (U7, PG VIIB) | Kautschuk, Gummi |
| botânica (a) e zoologia (a) (U9, AL) | Botanik und Zoologie |
| braçado de rosas (o) (U10, AO) | ein Armvoll Rosen |

| | |
|---|---|
| brilhar (U1, PG VII) | scheinen; auch: glänzen |
| bronzeado (Introd., 1. Seite) | braungebrannt |
| bruxa (a) (U1, PG VI) | Hexe |
| busardo (o) (U1, TC) | Bussard |
| cabana (a) (U1, AO) | Hütte |
| cabelo (o) (U1, AO) | Haar |
| cabelos lisos e compridos (os) (U12, AO) | lange, glatte Haare |
| Cabo Verde (Introd., PG IB) | Kap Verde |
| cabo (o) (U4, AL) | Kap |
| cabo-verdiano (U7, AO) | aus Kap Verde |
| cabra (a) (U7, PG VIII) | Ziege |
| cacau (o) (U7, AO) | Kakao |
| caça (a) (U7, TC) | Jagd |
| cachaça (a) (U6, PG VII) | Schnaps |
| cachorro quente (o) (U6, AO) | "Hot dog" |
| cada (U4, PG VI) | jede(r) |
| cada qual (U7, PG III) | jede(r) |
| cadeia (= prisão) (a) (U12, TC) | Gefängnis |
| cadinho (o) (U6, TC) | Schmelztiegel |
| café de Viena (o) (U10, PG IX) | Wiener Café |
| cair (U7, PG VIIA) | fallen, stürzen |
| cair em decadência (U9, AL) | zur Neige gehen, der Dekadenz verfallen |
| calamidade (a) (U8, TC) | Kalamität |
| calar (U8, Ao/Al) | schweigen |
| calcário (o) (U7, AL) | Kalkstein |
| calcário (U3, AL) | kalkhaltig, kalkig |
| caldeira (a) (U1, TC) | Kessel, Vertiefung; hier: Krater |
| caldeirada à pescador (a) (U5, AL) | Fischeintopf nach Fischersart |
| calor (o) (Introd., PG IB) | Wärme; auch: Hitze |
| camada de areia (a) (U4, AO) | Sandschicht |
| camada de cebola às rodelas (a) (U5, AL) | Schicht Zwiebelscheiben |
| camarão (o) (U5, AO) | Krabbe |
| caminho (o) (U8, AO/AL) | Weg |
| campainha (a) (U1, PG II) | Glocke, Klingel |
| campino (o) (U3, AL) | Rinderhirte (von Ribatejo) |
| campo (o) (U10, AO) | Land (im Gegensatz zu Stadt) |
| campo de arroz (o) (U3, AO) | Reisfeld |
| campo de golfe (o) (Introd., PG IB) | Golfplatz |
| cana-de-açúcar (a) (U4, AL) | Zuckerrohr |
| canção proibida (a) (U8, AO/AL) | verbotenes Lied |
| candelabro (o) (U2, PG VII) | Kerzenleuchter |
| candidatar-se (U10, AO) | sich bewerben |
| candomblé (o) (U6, TC) | afrikanischer Kult in Brasilien, vor allem in Bahia verbreitet |
| canela (a) (U5, AL) | Zimt |
| cano da arma (o) (U8, AO/AL) | Gewehrlauf |
| capa negra (a) (U3, AO) | schwarzes Cape |
| capital (a) (U2, AO) | Hauptstadt |
| capoeira (a) (U6, PG VII) | hier: eine Art Kampftanz, der an die Zeiten der Sklaverei erinnert |

característica (= caraterística)(a)(U2, AO) Eigenschaft
caracterizado (= caraterizado) (U3, AL) gekennzeichnet
caracterizar (= caracterizar) (U8, Ao/Al) kennzeichnen, charakterisieren
carambola (a) (U7, AO) Karambole
caráter (o) (U2, AO) Charakter
caráter exuberante (o) (U9, PG X) Üppigkeit, Überschwang
carência (a) (U8, Ao/Al) Mangel, Karenz
caridade (a) (U4, PG VII) Nächstenliebe, Barmherzigkeit
carinho (o) (U3, AO) Zärtlichkeit
carioca (o/a) (U6, AO) von/aus Rio de Janeiro
Carnaval carioca (o) (U6, AO) der Karneval von Rio
carro patrulha da PSP (o) (U12, AL) Streifenwagen der Polizei
carta de agradecimento (a) (Ap., I) Dankesbrief
carta de condução (a) (U12, TC) Führerschein
cartaginês (o) (U9, AO) Karthager
cartão postal (/de visitas) (o) (U3, PG VIII) wörtl.: Postkarte; hier: Kennzeichen
cartaz (o) (U3, AO) Plakat
carteira (a) (U4, PG VI) Handtasche
caruru (o) (U 6, TC) Krabben- und Fischgericht (mit Früch-
ten) aus Bahia

carvalho (o) (U3, AL) Eiche
carvão (o) (U2, AO) Kohle
Casa de Fados (a) (U3, AO) Fado Lokal
casa de habitação (a) (U4, AO) Wohnhaus, Haus
casa de sonho (a) (U11, AO) Traumhaus
casal (o) (U6, AO) Paar
casamento (o) (U1, AO) Hochzeit, Heirat
casebre (o) (U7, TC) armselige Hütte
caso (o) (Introd., PG II) Fall
caso/no caso que (U6, PG IB) falls; für den Fall, daß
castanha de caju (a) (U5, AO) Cashewnuß
Castela (U9, AO) Kastilien
castelhano (o) (U9, AL) Kastilianer
castelo (o) (U1, PG VI) Schloß, Burg, Kastell
castiço (U3, AO) typisch
Catalunha (a) (U9, AO) Katalonien
categoria (a) (U3, TC) Kategorie
católico (U6, TC) katholisch
causa (a) (U1, AO) Ursache, Grund
causar (U4, AO) verursachen
causar danos a uma pessoa (U12, AL) jemandem Schaden zufügen
cavaleiro (o) (U3, TC) Ritter; Reiter
cavalo (o) (U1, PG VII) Pferd
cá (U5, AO) hier(-her), zu uns; auch: bei uns
CE (a) (U2, TC) EG
cebola picada (a) (U5, AO) fein geschnittene (gehackte) Zwiebel
ceder (U3, TC) überlassen, übergeben
ceder lugar (U4, TC) Platz machen
cegar (U2, PG IIB) erblinden
cego (U1, AO) blind

| | |
|---|---|
| célebre (U6, TC) | berühmt |
| celeiro (o) (U3, TC) | Speicher, Getreidekammer |
| celta (U9, 1. Seite) | keltisch |
| Celtiberos (os) (U9, AO) | Keltiberer |
| céltico (U3, TC) | keltisch |
| cenário (o) (U4, AO) | Kulisse |
| censura à imprensa (a) (U8, AO/AL) | Pressezensur |
| centeio (o) (U2, AL) | Roggen |
| centenas de pessoas (as) (U6, AL) | Hunderte von Menschen |
| central (U1, TC) | zentral, in der Mitte |
| centro (o) (U3, AL) | Zentrum |
| cerâmica pintada à mão (a) (U4, TC) | handbemalte Keramik |
| cerca de (U4, AO) | circa |
| cereais (os) (U2, AO) | Getreide |
| certamente (U4, TC) | mit Sicherheit |
| certeza (a) (U9, PG II) | Sicherheit |
| certo (U2, AO) | hier: gewiß; auch: richtig |
| certo dia = um dia (U1, AL) | eines Tages |
| certo(-s)/certa(-s) (U7, PG III) | als Pronomina: gewiß, bestimmt; manche |
| cessar (U4, AO) | aufhören, stillstehen |
| chamado (U3, AO) | sogenannt, benannt |
| chamar (U2, PG VI) | hier: rufen |
| chamar a atenção para ... (U3, AO) | die Aufmerksamkeit auf ... lenken |
| chaminé (a) (U4, PG VII) | Kamin |
| chave falsa (a) (U12, AE III) | nachgemachter Schlüssel, Dietrich |
| chávena (a) (U5, AO) | Tasse |
| Chefe de Estado (o) (U8, AO/AL) | Staatsoberhaupt |
| chefe cozinheiro (o) (U5, AO) | Chefkoch |
| chefia (a) (U9, AO) | Führung |
| chegou a hora (U5, 1. Seite) | hier: es ist Zeit |
| cheiro (o) (U4, AO) | Geruch |
| cheiro a maresia (o) (U4, AO) | Geruch nach Seetang |
| chorar (U3, AO) | weinen |
| choupal (o) (U3, AO) | Pappelwald/-wäldchen |
| chover (U2, AO) | regnen |
| chumbo (o) (U2, AO) | Blei |
| chuva (a) (U1, PG VII) | Regen |
| cicatriz moral (a) (U8, Ao/Al) | psychische Verletzung; wörtl.: Narbe |
| cidade universitária (a) (U10, AO) | Universitätsstadt |
| ciência (a) (U9, AL) | Wissenschaft |
| cinza (a) (U4, AO) | Asche |
| cinzas foram jogadas para o alto (U4, AO) | Asche wurde in die Höhe geschleudert/ geschossen |
| circular sem luzes (U12, AL) | ohne Licht fahren |
| circunflexo (U8, PG IB) | Zirkumflex (^) |
| ciúme (o) (U3, AO) | Eifersucht |
| civil (U9, AL) | zivil, bürgerlich |
| civilização romana (a) (U3, TC) | römische Zivilisation |
| clareza (a) (U9, PG IB) | Klarheit |
| classe de alfabetização (a)(bras.)(U10, AL) | entspricht der 1. Klasse in der Schule |

| | |
|---|---|
| clientela (a) (U7, PG III) | Kundschaft |
| clima (o) (U2, AO) | Klima |
| clube (o) (U3, PG V) | Club |
| coberto (U1, AO) | bedeckt |
| cobre (o) (U7, AL) | Kupfer |
| cobrir (U1, PG III) | decken, zudecken |
| cocada (a) (U6, TC) | Süßspeise aus Kokosnuß (aus Bahia und Pernambuco) |
| cocar (= enfeite de plumas) (o) (U7, TC) | Federschmuck für den Kopf |
| coco (o) (U5, AO) | Kokosnuß |
| código da estrada (o) (U10, AO) | Verkehrsregeln |
| coentro (o) (U5, AO) | Koriander |
| cofre-forte (o) (U10, PG II) | Tresor, Safe |
| coincidente (U1, PG IB) | gleichzeitig; auch: zusammenfallend, übereinstimmend |
| coisa (a) (U1, 1. Seite) | Sache |
| colar (o) (U7, TC) | Halskette (aus Steinen oder Perlen) |
| colegas e inseparáveis (U10, AO) | Studienkollegen und unzertrennlich |
| colher (a) (U6, PG VII) | Löffel |
| colher (U10, AO) | hier: pflücken |
| colher de sopa (a) (U5, AO) | Suppenlöffel |
| colocação (a) (U4, PG II) | Stellung |
| colocar (U4, PG II) | stellen, setzen |
| colono (o) (U7, AO) | Siedler |
| coloque por cima (U5, AL) | legen Sie darauf (Sg.) |
| colorau doce (o) (U5, AL) | süßer Paprika |
| colorido (U7, AO) | bunt |
| com a felicidade alheia (U1, AO) | über das Glück von anderen |
| com certeza (U7, PG II) | mit Sicherheit |
| com destino a Lisboa (U4, AO) | nach Lissabon |
| com exceção (U4, AE I) | außer |
| com fins administrativos (U9, AO) | zu administrativen Zwecken |
| com frequência (U11, PG III) | oft |
| com igual entusiasmo (U6, AO) | mit der gleichen Begeisterung |
| com todo o carinho (U3, AO) | liebevoll |
| comandante da polícia (o) (U12, PG V) | Polizeichef |
| combate (o) (U9, AO) | Kampf |
| começado (U1, PG IB) | angefangen |
| começar por (U4, AO) | anfangen mit |
| começo (o) (Introd., PG II) | Anfang |
| comédia (a) (U10, TC) | Komödie |
| comemorar (U6, AL) | feiern, gedenken |
| comentar (U2, PG VI) | kommentieren; hier: sprechen über |
| comentário (o) (U2, PG VII) | Kommentar |
| comercial e industrial (U8, Ao/Al) | kommerziell und industriell |
| comerciante (o) (U8, Ao/Al) | Kaufmann |
| comércio (o) (U2, AO) | Handel |
| cometer um crime (U8, Ao/Al) | ein Verbrechen begehen |
| comida (a) (U6, TC) | Essen |
| Como foram as suas férias? (Introd., Titel) | Wie war Ihr Urlaub? |

| | |
|---|---|
| como (U1, PG IB) | da, weil; wie |
| como assim? (bras.) (U12, AO) | wie (das)? |
| compadre (o) (U10, TC) | Kumpel, Kamerad |
| comparar (Introd., PG IB) | vergleichen |
| comparativo (U7, PG IC) | komparativ, vergleichend |
| comparável (U7, PG VI) | vergleichbar |
| complemento direto (o) (U4, PG II) | direktes Objekt (Akkusativ) |
| complemento indireto (o) (U4, PG II) | indirektes Objekt (Dativ) |
| completamente (U1, PG II) | völlig |
| completar (U4, PG VB) | ergänzen, vervollständigen |
| complete o diálogo (U5, PG IIB) | vervollständigen Sie den Dialog |
| complicado (U1, PG VI) | kompliziert |
| compor-se de (U2, AE II) | sich zusammensetzen aus |
| composição (a) (U1, PG VI) | Aufsatz; auch: Zusammenstellung |
| compra a meias (a) (U10, AO) | Kauf zu zweit |
| compreender (U1, AO) | verstehen |
| comprimento (o) (U7, PG VIIB) | Länge |
| comprimido (U8, PG IIB) | komprimiert |
| comum (U4, PG VII) | gemeinsam |
| comunicação (a) (U2, TC) | Verbindung; auch: Kommunikation |
| comunicado (o) (Introd., PG II) | Kommuniqué, Meldung; auch: Bericht |
| Comunidade Europeia (a) (U2, TC) | Europäische Gemeinschaft |
| conceder (U6, PG IB) | erlauben, bewilligen |
| conceder a um nobre (U9, AO) | hier: einem Adeligen übergeben |
| conceito (o) (U4, TC) | Begriff |
| concluir (U2, AO) | abschließen, folgern aus |
| concordar (U9, PG IIIB) | übereinstimmen; sich nach... richten |
| concordar em género e número ... (U11, PG IA) | sich in Geschlecht und Zahl nach ... richten |
| concorrente (U6, AO) | teilnehmend, konkurrierend |
| concretamente (Introd., PG II) | genau (Adverb) |
| concreto (U8, 1. Seite) | konkret |
| condado (o) (U9, AO) | Grafentum |
| conde (o) (U9, AO) | Graf |
| condição (a) (U7, PG IC) | Bedingung |
| condicionado (U8, PG IIC) | beschränkt, bedingt |
| condicional (/o) (U8, PG IC) | konditional/Konditional |
| condições ideais para os canaviais (as) (U6, TC) | optimale Voraussetzungen für die Zuckerrohrplantagen |
| condutor (o) (U12, AL) | Fahrer |
| conduzir à presença de (U12, PG V) | zu jemandem führen/hinbringen |
| confecção (= confeção) (a) (U2, AO) | Konfektion |
| conferir um papel importante (U4, TC) | eine wichtige Rolle verleihen |
| confessar (U2, AO) | zugeben, gestehen |
| confessar um crime (U12, PG V) | ein Verbrechen zugeben |
| confirmar (U2, PG IC) | bestätigen |
| conforme (U7, PG IC) | je nachdem, wie |
| confrontado com a destruição (U7, TC) | konfrontiert mit der Zerstörung |
| confronte com (= cf. c/) (U7, PG IC) | vergleichen Sie mit |
| confronto (o) (Introd., PG II) | Vergleich |

| | |
|---|---|
| confusão (a) (U5, AO) | Durcheinander |
| confuso (U4, PG II) | verwirrend |
| congestionamento de trânsito (o)(U11, AO) | Verkehrsstau |
| conhecido (U1, TC) | bekannt |
| conhecimento de um mundo (o) (U9, PG X) | Kennenlernen einer Welt |
| conhecimentos (os) (U9, AO) | Kenntnisse |
| conhecimentos geográficos (os) (U9, AL) | geografische Kenntnisse |
| conjugação (a) (U12, PG III) | Konjugation |
| conjugar-se (U1, PG IA) | konjugiert/gebeugt werden |
| conjunção (a) (U6, PG IB) | Konjunktion (Bindewort) |
| conjuntivo (o) (U5, PG IA) | Konjunktiv (Möglichkeitsform) |
| conjunto de seres (o) (U10, PG III) | Gruppe von Lebewesen |
| connosco (U3, PG IIA) | mit uns |
| conquista (a) U8, Ao/Al) | das Erkämpfte; auch: Eroberung |
| conquistar (U3, TC) | erobern |
| consciência (a) (U8, Ao/Al) | Gewissen, Gewißheit; auch: Bewußtsein |
| conseguir (U6, AO) | (etwas) schaffen, erringen, gelingen |
| conseguir três semanas de férias (U6, AO) | drei Wochen Urlaub bekommen |
| conselho (o) (U4, PG IC) | Rat |
| consentimento (o) (U6, PG IB) | Zustimmung, Erlaubnis |
| consequências ecológicas (as) (U7, TC) | ökologische Konsequenzen |
| consequentemente(U8, AO/AL) | folglich, daher |
| conservado em sal (U5, TC) | in Salz konserviert |
| conservas de peixe (as) (U2, AO) | Fischkonserven |
| considerado o prato nacional (U5, TC) | als Nationalgericht betrachtet |
| considerar (U2, AO) | anerkennen; auch: betrachten |
| consigo (U3, PG IIA) | mit Ihnen; mit sich selbst |
| consolidação do regime (a) (U8, AO/AL) | Festigung des Regimes |
| consolidar (U4, AO) | verfestigen; festigen |
| constatar-se (U12, AL) | feststellen |
| constitucional (U8, AO/AL) | konstitutionell, verfassungsmäßig |
| Constituição Política (a) (U8, AO/AL) | Verfassung |
| constituir (U1, TC) | bilden, sich zusammensetzen |
| construção (a) (U3, PG IA) | Bildung |
| construção de hotéis (a) (U4, PG VII) | Hotelbau |
| construir (U8, PG VI) | bilden; auch: bauen |
| construíram-se (U4, PG VII) | man hat gebaut |
| consulta (a) (U6, AL) | Beratung; auch: Konsultation |
| contanto que (U6, PG IB) | sofern, falls |
| contar (Introd., PG II) | erzählen; auch: zählen |
| contar com alguma coisa (U2, PG VII) | mit etwas rechnen |
| contato (o) (U7, TC) | Kontakt |
| conter (U7, AO) | beinhalten |
| contestar (U11, AO) | bestreiten, widersprechen |
| continental (U2, AL) | kontinental |
| continua (U5, AO) | mach(e) weiter; hier: lies weiter |
| continuação (a) (U7, PG II) | Fortsetzung |
| continuação de boas férias (U3, PG V) | weiterhin schönen Urlaub |
| continuado (U3, PG IB) | fortgesetzt |
| continuam a ser invocados (U6, TC) | sie werden weiter (heran-) gerufen/ |

| | |
|---|---|
| | beschworen |
| continuidade (a) (U9, PG II) | Kontinuität |
| contínuo (U1, PG IB) | kontinuierlich, andauernd |
| conto (o) (Ap., I) | hier: Kurzgeschichte; auch: 1000 Escudos |
| contração (a) (U4, PG II) | Kontraktion, Zusammenziehung |
| contradição (a) (U3, AO) | Widerspruch |
| contrariamente ao que se verificou (U10, TC) | im Gegensatz zu dem, was man festgestellt hat |
| contrário (o) (U5, PG IIB) | das Gegenteil |
| contrastar (Introd., PG II) | abstechen gegen, in Gegensatz treten |
| contribuir (U8, Ao/Al) | beitragen |
| contudo (U4, TC) | trotzdem, jedoch |
| convencer (U1, AO) | überzeugen |
| conversar (U8, PG VI) | sich unterhalten |
| converter-se (U9, AO) | sich bekehren |
| copo de água (o) (U5, AO) | ein Glas Wasser |
| cor amarelada (a) (U5, AO) | gelbliche Farbe |
| corajoso (U1, PG VI) | mutig |
| correndo (= a correr) (U12, AO) | laufend, rennend |
| corrente (a) (U6, PG VII) | hier: Kette; auch: Fessel; Strom |
| corrente (U6, PG IIB) | geläufig, gebräuchlich |
| corrente de lava (a) (U4, AO) | Lavafluß, -strom |
| correr bem (U12, PG II) | gut verlaufen |
| corresponder (U1, TC) | entsprechen |
| corretamente (U6, AE I) | korrekt (Adverb) |
| correto (U5, PG IIB) | korrekt |
| corrida ao/do ouro (a) (U7, TC) | Goldrausch, Sturm auf das Gold |
| cortado aos cubos (= aos quadrados) (U5, TC) | in Stücke (Würfel) geschnitten |
| cortar (U1, PG VII) | schneiden, abschneiden |
| corte (a) (U1, AO) | Hof |
| corte (Imperativ v. cortar) (U5, AO) | schneiden Sie (Sg.) |
| corte em pedaços pequenos (U5, AO) | schneiden Sie in kleine Stücke |
| cortês (U8, PG IV) | höflich |
| cortiça (a) (U3, TC) | Korken |
| cosmopolitismo (o) (U4, TC) | Kosmopolitismus |
| costas (as) (U3, AO) | Rücken |
| costumar fazer comida brasileira (U5, AO) | üblicherweise brasilianisch kochen |
| costumes (os) (U4, TC) | Gebräuche |
| couve-flor (a) (U10, PG II) | Blumenkohl |
| cozer com a tampa (U5, AL) | zugedeckt kochen; wörtl.: (im Wasser) bei geschlossenem Deckel kochen |
| cozinhe (Imperativ v. cozinhar) (U5, AO) | kochen Sie, lassen Sie kochen |
| cratera (a) (U1, AL) | Krater |
| cravo (o) (U6, AL) | Nelke |
| creme (o) (U5, PG IIB) | Creme; Süßspeise |
| crença (a) (U6, TC) | Glaube |
| crer (U4, AO) | glauben |
| crescer (U2, AO) | wachsen, gedeihen |
| criação (a) (U4, AO) | Schaffung, Entstehung |

| | |
|---|---|
| criação de gado (a) (U3, AL) | Viehzucht |
| criar (U2, TC) | kreieren, erschaffen |
| criatividade (a) (U5, PG IIB) | Kreativität |
| crime (o) (U9, AL) | Verbrechen |
| crioulo (o) (U8, PG XII) | Kreol; auch: Kreole |
| crise dinástica (a) (U9, AL) | Krise der Dynastie |
| cristal de rocha (o) (U7, AL) | Bergkristall |
| cristão (U3, TC) | christlich |
| Cristianismo (o) (U9, AO) | Christentum |
| crítica literária/política (a) (U10, PG X) | literarische/politische Kritik |
| Cruzados (os) (U9, AO) | Kreuzritter |
| cruzamento (o) (U8, PG XII) | wörtl.: Kreuzung; hier: Vermischung |
| cubista (U4, PG VII) | kubisch |
| cubo (o) (U4, PG VII) | Würfel |
| cubra ... de azeite (U5, AL) | hier: gießen Sie Olivenöl in ... |
| cuidado com (U4, PG IV) | Vorsicht mit |
| cujo/cuja (U7, PG VIIB) | dessen/deren |
| culminar com ... (U9, AL) | den Höhepunkt erreichen |
| culpado (o) (U7, PG IC) | Schuldige(r) |
| cultivar (U2, AE I) | anbauen |
| cultivar a uva (U2, AL) | Wein anbauen |
| cultivo (o) (U2, AO) | Anbau, Anpflanzung |
| cultivo da batata (o) (U2, AL) | Kartoffelanbau |
| cultura (a) (U4, AL) | Anpflanzung, Anbau; auch: Kultur |
| cultura indígena (a) (U6, PG VI) | einheimische Kultur |
| cultural (U8, Ao/Al) | kulturell |
| cumprimentar (U11, TC) | begrüßen |
| cumprimentos (os) (U12, AL) | Grüße |
| cunhado (o) (U4, AO) | Schwager |
| curiosidade (a) (U6, AO) | Neugier |
| curso de contabilidade (o) (U10, AO) | Ausbildung zum Buchhalter oder Steuerberater |
| curtumes (os) (U2, AO) | Lederwaren |
| curva (a) (U5, PG IC) | Kurve |
| D. João, mestre da Ordem de Avis (U9, AL) | D. João, Großmeister des Ritterordens von Avis |
| D. Maria (o teatro) (U10, AO) | hier: Theater Dona Maria in Lissabon |
| da parte de (U8, Ao/Al) | seitens |
| dados cronológicos (os) (U9, TC) | chronologische Daten |
| dados precisos (os) (Introd., PG II) | genaue Angaben |
| daí se falar em sincretismo religioso (U6, TC) | deswegen spricht man von Synkretismus |
| daí, talvez (U5, TC) | daher vielleicht |
| dança (a) (U6, PG VII) | Tanz |
| dançando, cantando (U6, AO) | tanzend und singend |
| danificado (U7, AL) | geschadet; auch: geschädigt |
| Danúbio (o) (U7, PG VIIC) | Donau |
| daqui a (U10, PG IV) | in (zeitlich) |
| daqui a pouco não vamos a lado nenhum (U10, AO) | hier: wenn es so weitergeht, gehen wir nirgendwohin |

| | |
|---|---|
| dar (U1, AO) | geben |
| dar a sessão por encerrada (U6, PG IB) | die Sitzung beenden |
| dar água na boca (bras.) (U6, AO) | jemandem den Mund wässerig machen |
| dar ênfase a qualquer coisa (U8, PG IC) | etwas betonen |
| dar entrada na universidade (U10, AL) | Aufnahme an einer Universität finden |
| dar gosto/prazer (U12, PG IV) | Freude machen |
| dar o primeiro passo ... (U2, TC) | die ersten Schritte unternehmen |
| dar origem a (U7, AE II) | verursachen |
| dar trabalho (U12, PG IV) | Arbeit machen |
| dar uma ordem (U4, PG IC) | einen Befehl geben |
| dar uma volta (U3, AO) | eine Runde drehen |
| dar vontade de (U12, AL) | Spaß machen |
| dar-se (U8, AO/AL) | sich ereignen |
| das terras do Norte (U1, AO) | aus dem Norden |
| data (a) (U1, AO) | Datum |
| datar (U7, PG VIII) | datieren, stammen aus der Zeit ... |
| dava (Imp. v. dar) (U1, AE I) | gab (zurück) |
| dá para você ir preparando (bras.)(U6, AO) | hier: können Sie mal ... vorbereiten |
| de acordo com o texto (U4, AE III) | dem Text nach |
| de cariz africano (bras.: de cunho ) (U8, PG XII) | trägt afrikanische Züge |
| de cor (U6, AO) | auswendig |
| de dia (U3, AO) | tagsüber |
| de dia para dia (U1, AO) | von Tag zu Tag |
| de então (U9, AL) | von damals |
| de fato (= de facto) (U2, AO) | tatsächlich |
| de imediato (U4, PG VII) | sofort |
| de madrugada (U12, AO) | sehr früh am Morgen; wörtl.: bei Tages-anbruch |
| de modo nenhum (U5, PG IIB) | auf gar keinen Fall |
| de momento (U9, AO) | zur Zeit, im Moment |
| de novo (Introd., 1. Seite) | wieder |
| de ordem ecológica (U11, AO) | ökologisch |
| de origem vulcânica (U1, TC) | vulkanischen Ursprungs |
| de qualquer modo (U1, TC) | auf jeden Fall |
| de repente (U2, PG VII) | plötzlich |
| de resto (U2, AO) | sonst |
| de tanto pular (U6, AO) | hier: von soviel Tanzen, Hüpfen |
| de tempos a tempos (U6, PG VII) | von Zeit zu Zeit |
| de uma maneira geral (U8, PG IC) | im allgemeinen |
| de visita (U6, AO) | als Besuch |
| debaixo de (U6, AO) | unter, unterhalb |
| década (a) (U8, AO/AL) | Dekade |
| decisão (a) (U4, PG IC) | Entscheidung |
| decorar o lugar da festa (U6, PG VII) | den Festplatz schmücken |
| decorrem investigações para ... (U12, AL) | die Polizei unternimmt alle Anstren-gungen/weitere Nachforschungen |
| decorrer (U6, AE III) | verlaufen, ablaufen |
| decorrer no momento (U6, PG IIB) | momentan ablaufen |
| decréscimo (o) (U2, TC) | Abnahme, Rückgang |

| | |
|---|---|
| dedicar-se a (U9, AO) | sich etwas widmen |
| defeito (o) (U1, PG VI) | Fehler |
| defensor (o) (U11, AO) | Schützer |
| defesa (a) (U8, AO/AL) | Verteidigung |
| defesas imunológicas (as) (U7, TC) | Immunabwehr |
| definição (a) (U9, PG IB) | Definition |
| definitivamente expulso(s) (U9, AO) | endgültig vertrieben |
| defronte a (= frente a frente) (U12, PG V) | vor ("vis-à-vis") |
| deixar (= pôr) de molho (U5, AO) | einweichen; auch: in einer Flüssigkeit (Wasser, Milch, Wein, Marinade usw.) eine Zeitlang einlegen |
| deixar (U6, PG IB) | hier: zulassen; auch: verlassen |
| deixar de (U2, PG VII) | aufhören mit |
| deixar para amanhã (U5, PG IIA) | auf morgen verschieben |
| deixe cozer (U5, AL) | lassen Sie (es) kochen |
| deixe cozinhar ainda ... (U5, AO) | lassen Sie noch ... kochen |
| deixe-os de molho (U5, AO) | hier: lassen Sie sie in der Marinade |
| delicioso (U3, AO) | schmackhaft, lecker |
| demarcado (U2, AO) | markiert |
| demarcar (U2, AO) | markieren, abgrenzen |
| democracia (a) (U8, Ao/Al) | Demokratie |
| democratização (a) (U8, AO/AL) | Demokratisierung |
| denominado (U1, AL) | genannt |
| denso (U3, AL) | dicht |
| dente de alho (o) (U5, AO) | Knoblauchzehe |
| dentro em breve (U12, AL) | bald |
| denunciar (U8, Ao/Al) | verraten |
| departamento (o) (U7, AL) | Abteilung, Department |
| dependente do Parlamento (U8, AO/AL) | vom Parlament abhängig |
| depósito (o) (U2, AE III) | Lager; auch: Speicher |
| derivado (o) (U6, TC) | Ableitung |
| derrubar o regime democrático (U9, AL) | das demokratische Regime stürzen |
| desabitado (U8, PG XII) | unbewohnt |
| desanuviar (bras.: sumir) (U8, Ao/Al) | hier: verschwinden |
| desaparecer (U1, AL) | verschwinden |
| desastroso (U8, Ao/Al) | katastrophal, verhängnisvoll |
| descascar (U5, AO) | schälen |
| descasque (Imp. v. descascar) U5, AO) | schälen Sie (Sg.) |
| desclassificar (U7, PG III) | deklassieren, herabsetzen |
| descoberta (a) (U1, AL) | Entdeckung |
| descoberto (Partizip v. descobrir) (U2, PG IIB) | entdeckt, enthüllt |
| descobridor (o) (U1, TC) | Entdecker |
| descobrimento (o) (U8, PG XII) | Entdeckung |
| descobrir (U7, TC) | hier: finden; auch: entdecken |
| descolonização das colónias (a) (U8, Ao/Al) | Abzug aus den Kolonien |
| desconhecido (o) (U3, AO) | Unbekannter |
| desconhecido (U1, PG VI) | unbekannt |
| descontentamento (o) (U8, AO/AL) | Unzufriedenheit |
| descontente (U9, AO) | unzufrieden |

| | |
|---|---|
| descrição (a) (Introd., PG II) | Beschreibung |
| descrito (Introd., PG II) | beschrieben |
| desde (Introd., PG IB) | seit |
| desde ... até ... (U5, TC) | hier: von ... bis zu ... |
| desde já (U12, AL) | hier: als erstes |
| desde muitas gerações (U4, PG VII) | seit vielen Generationen |
| desejo (o) (U1, PG IB) | Wunsch |
| desempenho (o) (U7, AL) | Erfüllung; auch: Ausübung |
| desenhar e pintar (U8, Ao/Al) | zeichnen und malen |
| desenrolar (U8, AE III) | ablaufen, entwickeln |
| desenvolver (U2, AO) | entwickeln |
| desenvolvido (U2, AO) | entwickelt |
| desenvolvimento (o) (U2, TC) | Entwicklung |
| Desfiar o novelo da memória (U8, Titel) | Persönliche Gedanken zu einer politischen Ära |
| desfiar (U8, Titel, 1. Seite) | wörtl.: entwirren |
| desfilar (U6, AO) | defilieren, vorbeiziehen |
| desfile (o) (U6, AO) | (festlicher) Umzug |
| designar (U2, PG IB) | bezeichnen |
| desinência (a) (U7, PG IB) | Wortendung |
| desistir (U12, AO) | aufgeben |
| desmoronamento de terra (o) (U4, AO) | Erdrutsch |
| desolado (U1, AO) | trostlos |
| despedida (a) (U3, AO) | Abschied |
| desporto (o) (U2, AL) | Sport |
| desprovido de (U4, AO) | entblößt von |
| destacar-se (U3, TC) | hervorheben, -treten |
| deste modo (Introd., PG II) | auf diese Art |
| destino (o) (U3, AO) | Schicksal |
| destruição (a) (U4, AO) | Zerstörung |
| destruir (U4, AO) | zerstören |
| detalhadamente (Introd., PG IB) | im Detail |
| determinadas coisas (U3, AO) | bestimmte Sachen |
| detestar (U5, PG IIB) | verabscheuen |
| deu para ver a cara deles? (bras.) (U12, AO) | hat man ihre Gesichter sehen können? |
| deusa (a) (U6, AL) | Göttin |
| deve estar lindo/a (nesta altura)(U10, AO) | ist (jetzt) bestimmt sehr schön |
| deve ser/estar (U10, PG IV) | wird wohl sein (ser: immer/estar: vorübergehend) |
| dever (U1, TC) | schulden; auch: müssen, sollen |
| dever-se a (U1, TC) | einer Sache oder einer Person etwas verdanken |
| deverá ser a última camada (U5, AL) | soll die letzte Schicht sein |
| devido tempo (U7, PG VIII) | hier: richtige Zeit |
| devido a (U2, AO) | wegen, aufgrund |
| devolver (U7, TC) | zurückgeben |
| diálogo (o) (U7, PG III) | Dialog |
| diamante (o) (U7, AL) | Diamant |
| diante de (U12, PG V) | vor |

| | |
|---|---|
| diferença (a) (Introd., AE) | Unterschied |
| diferir (U2, PG IB) | anders/verschieden sein |
| dificuldade (a) (U7, PG III) | Schwierigkeit |
| Diga-me (Imp. v. dizer) (U5, 1. Seite) | Sagen Sie mir (Sg.) |
| Diga-me o que come, dir-lhe-ei quem é (U5, Titel) | "Sagen Sie mir, was Sie essen, ich werde ich Ihnen sagen, was Sie sind" |
| digno de relevo (U3, AL) | erwähnenswert |
| dinamização (a) (U11, AL) | hier: Schwung |
| dinastia (a) (U9, AL) | Dynastie |
| dir-lhe-ei (U5, 1. Seite) | ich werde Ihnen sagen |
| direção (a) (U3, AO) | Richtung; auch: Adresse |
| direito de herança (o) (U9, AO) | Erbschaftsrecht |
| diretamente (U6, PG IB) | direkt (Adverb) |
| diretor (o) (U10, PG IV) | Direktor |
| dirigir um projeto (U6, PG IB) | ein Projekt leiten |
| dirigir-se (U1, AO) | sich begeben |
| disciplina preferida (a) (U9, AO) | Lieblingsfach (in der Schule) |
| discordância (a) (U9, PG II) | Diskordanz, Meinungsverschiedenheit |
| discoteca "O Moinho" (a) (U12, AL) | Discothek "Die Mühle" |
| discurso de investidura (o) (U8, AO/AL) | Antrittsrede |
| discurso indireto (o) (U10, PG IA) | indirekte Rede |
| discussão (a) (U10, AO) | Diskussion |
| discutir um assunto (U4, PG IC) | eine Angelegenheit erörtern |
| disfarçado (U10, TC) | verstellt, verdeckt, verkleidet |
| dispor de (U8, TC) | verfügen über |
| dissidente (o) (U9, AO) | Dissident |
| distância (a) (U1, PG VI) | Entfernung |
| distante (U1, PG VI) | entfernt, weit weg |
| distinção (a) (U1, PG II) | Unterschied |
| distinguir (U2, PG IIB) | unterscheiden |
| distribuição de comida (a) (U4, PG VII) | Essensverteilung |
| distribuir (U4, PG VII) | verteilen |
| distrito (o) (U3, AO) | Bezirk |
| ditadura (a) (U8, AO/AL) | Diktatur |
| ditatorial (U8, Ao/Al) | diktatorisch |
| dito (Partizip v. dizer) (U2, PG IB) | gesagt |
| diversos/diversas (U2, AO) | verschiedene |
| divertir-se (U6, AO) | sich amüsieren |
| dividido (U2, AO) | geteilt, unterteilt |
| dividir (U2, AO) | teilen, unter-, verteilen |
| divindade (a) (U6, TC) | Gottheit |
| Divino Espírito Santo (o) (U4, PG VII) | der Heilige Geist |
| divulgar (U9, AO) | verbreiten; bekannt machen |
| diz-me lá, Pedro (U5, AO) | sag mal, Pedro |
| dizendo (U1, AO) | sagend |
| diziam (< as pessoas diziam) (U6, AO) | hier: sagte man (haben die Menschen gesagt) |
| diziminação (a) (U7, TC) | Dezimierung |
| do extremo norte ao extremo sul (U7, AL) | vom äußersten Norden bis zum tiefsten Süden |

| | |
|---|---|
| doce de mandioca (o) (U6, PG VII) | Maniokkonfitüre |
| doces (os) (U6, PG III) | Süßigkeiten |
| doença (a) (U1, PG VI) | Krankheit |
| dolorido (U6, AO) | schmerzend, schmerzlich |
| dominar (U9, AO) | herrschen über |
| dono (o) (U6, PG VII) | hier: Herr; auch: Besitzer |
| dormir (U1, AO) | schlafen |
| doseado (= dosado) (U5, TC) | dosiert |
| dote (o) (Ap., I) | hier: Erbe; auch: Mitgift |
| dou-te (Präsens v. dar) (U1, AO) | ich gebe dir |
| dourado (U7, TC) | hier: goldfarben; auch: vergoldet |
| dourar (U5, AO) | hier: anbraten, in Öl goldbraun braten |
| doure os pedaços de galinha (U5, AO) | braten Sie die Hühnchenstücke goldbraun |
| | |
| Douro (o) (U2, AO) | Douro (Fluß) |
| duque (o) (U9, AL) | Herzog |
| durar (U4, AO) | dauern |
| duro (U5, AL) | hart, fest |
| duvidar (U6, AO) | zweifeln |
| dúvida (a) (U2, TC) | Zweifel |
| e aí (bras.) (U6, AO) | ja; und so (Füllwort, umgangsspr.) |
| e como! (U7, AO) | und ob! |
| e se fôssemos ao cinema? (U10, AO) | wie wäre es, wenn wir ins Kino gingen? |
| economia (a) (U8, TC) | Wirtschaft |
| económico (U4, AL) | wirtschaftlich |
| écran (o) (U2, PG VII) | Bildschirm |
| edifício (o) (U7, AO) | Gebäude |
| efetuar-se (U10, TC) | stattfinden |
| egoísmo (o) (U1, PG VI) | Egoismus |
| eis algumas das (U7, TC) | das sind einige der |
| ela dar-lhes-á (U4, AO) | sie wird Ihnen geben |
| ela tem saudades de ... (U1, AO) | sie vermißt/sie sehnt sich nach |
| saudade (a) (U1, AO) | Sehnsucht, Heimweh, Melancholie |
| ela vai a sair mesmo agora (U9, PG II) | sie geht gerade hinaus |
| elaboração (a) (U1, PG VI) | Ausarbeitung, Anfertigung |
| elaboração (a) (U9, AL) | hier: Erstellung |
| elaborar (U8, AO/AL) | verfassen, anfertigen, zusammenstellen |
| ele próprio (U2, AO) | er selbst |
| elegância (a) (U5, PG IIB) | Schlankheit; auch: Eleganz |
| eleger (U2, PG IIB) | wählen, erwählen zu |
| eleições (as) (U8, AO/AL) | Wahl |
| elemento (o) (U4, PG II) | Element, Teil |
| elevação (a) (U2, AL) | Erhebung, Erhöhung |
| elevado (U3, AL) | hoch |
| elevado a (U3, TC) | erhoben |
| elevar (U3, TC) | erheben |
| em breve (U3, AO) | bald |
| em cima de (U12, PG V) | auf |
| em consequência das queimadas (U7, TC) | durch das Niederbrennen der Wälder |
| em contrapartida (U2, TC) | andererseits, dafür |

| | |
|---|---|
| em detrimento de (U7, AL) | zum Nachteil von |
| em flagrante (U12, AE I) | in flagranti |
| em flor (U7, AO) | in Blüte |
| em geral (U6, 1. Seite) | im allgemeinen |
| em grande parte (U3, TC) | zum größten Teil |
| em grupo (U4, PG IV) | in der Gruppe |
| em homenagem a (U8, Ao/Al) | hier: zum Andenken an; auch: zu Ehren |
| em honra a (U6, AL) | zu Ehren von |
| (em) itálico (U2, PG V) | kursiv |
| em lume brando (U5, AL) | bei mäßiger Hitze |
| em parênteses (U2, PG V) | in Klammern |
| em parte (U3, AO) | zum Teil |
| em relação a (Introd., AE) | im Vergleich mit |
| em seu poder (U12, TC) | hier: bei sich |
| em termos de números (U7, TC) | in Zahlen, zahlenmäßig |
| em todo o lado (U3, AO) | überall |
| em traços gerais (U7, PG VIC) | im großen und ganzen |
| em vez de (U4, PG VB) | statt, anstatt von |
| em vez do mar (U1, AO) | statt aufs Meer |
| em volta de (U6, PG VII) | um, herum |
| em volta do qual (U6, AL) | um den (herum) |
| em/à volta de (U12, PG V) | um ... herum |
| emagrecer (U5, PG IIB) | abnehmen (in Gewicht) |
| embarcar (U4, AO) | an Bord gehen, einsteigen |
| embarcar (U8, AO/AL) | hier: ein-, verschiffen |
| emblema (o) (U6, PG VII) | Wahrzeichen, Emblem |
| embora (U4, AO) | hier: obwohl, wenn schon |
| emergir (U4, AO) | auftauchen |
| emigração (a) (U2, TC) | Emigration, Auswanderung |
| emigrante (o) (U8, PG XII) | Emigrant |
| emigrar (U4, TC) | auswandern |
| emissão (a) (U4, AO) | Emission, Ausstoßen |
| emoldurar (U4, TC) | einrahmen |
| empregar (U1, PG IB) | an-/verwenden; auch: einstellen |
| emprego (o) (Introd., PG IB) | Anwendung; auch: Arbeit, Arbeitsstelle |
| empresa (a) (Introd., PG IB) | Firma, Betrieb |
| encantado (U1, AL) | verzaubert |
| encantador (U1, AO) | bezaubernd |
| encanto (o) (U3, AO) | Zauber |
| enchente (a) (U7, AL) | Überschwemmung |
| encher (U2, PG IIB) | füllen |
| encontrar (U1, AE I) | finden, treffen |
| encontrar expressão na literatura (U9, AL) | Ausdruck in der Literatur finden |
| encontrar-se (U2, AO) | sich befinden |
| encontro (o) (U10, AO) | das Treffen |
| endereço (o) (U4, AO) | Anschrift, Adresse |
| energia (a) (U7, PG VIII) | Energie |
| energia solar (a) (U11, AO) | Solarenergie |
| enfeitar (U5, AL) | wörtl.: schmücken, verzieren |
| enfeitar-se (port.: pôr-se bonita) (U6, AL) | sich schön machen |

| | |
|---|---|
| enfeite com camarão cozido (U5, AL) | geben Sie einige Krabben hinzu |
| enfim (U2, AO) | na ja |
| enfraquecer (U1, AO) | schwächer werden |
| enfraquecia de dia para dia (U1, AO) | wurde von Tag zu Tag schwächer |
| engenharia (a) (U3, AO) | Ingenieurwissenschaft |
| enorme (Introd., AO) | riesig |
| enquanto (Introd., PG II) | während |
| enraizar (U9, AL) | verwurzeln |
| ensino (o) (U8, AO/AL) | Erziehung; auch: Unterricht |
| então (Introd., AO) | dann, also; dient hier zur Hervorhebung von Monchique |
| entrada (a) ( port.: o bilhete) (U6, AO) | Eintritt(-skarte) |
| entrada de divisas (a) (U8, PG XII) | Diviseneinfuhr |
| entram as bases da cozinha port. (U5, TC) | die Grundlagen der port. Küche kommen vor |
| entrar em transe (U6, AL) | in Trance treten |
| entrar em vigor (U8, AO/AL) | in Kraft treten |
| entre outras coisas (U1,1. Seite) | unter anderem |
| entre outros/outras (U2, AO) | unter anderem; hier: neben anderen |
| entre tachos e panelas (U5, AO) | zwischen Kochtöpfen und Kesseln |
| entretanto (U2, AO) | inzwischen |
| entrevista (a) (U8, Ao/Al) | Interview |
| entrevistado (o) (U8, PG VIII) | Befragte(r) |
| entusiasmadíssimo (U7, AO) | ganz begeistert, enthusiastisch |
| entusiasmo (o) (U2, AO) | Enthusiasmus, Begeisterung |
| enumeração (a) (U1, PG II) | Aufzählung |
| envelhecer (U2, AO) | alt werden |
| episódio (o)(U10, PG VIII) | Folge (einer Sendung) |
| época (a) (U1, AO) | Zeitabschnitt |
| equatorial (U8, TC) | äquatorial |
| equilibrado (U8, AO/AL) | stabil, ausgeglichen |
| equilíbrio económico (o) (U9, AL) | ökonomisches Gleichgewicht |
| equipa (a) (bras.: o time) (U7, PG III) | Mannschaft |
| equiparável a (U6, TC) | vergleichbar |
| equivalente (o) (U5, AO) | das Entsprechende |
| equivaler (U3, PG IB) | entsprechen |
| era (Imp. v. ser) (Introd., AO) | war |
| era cristã (a) (U9, AO) | christliche Ära |
| era habitada por diversos povos (U9, AO) | wurde von verschiedenen Völkern bewohnt |
| eram (Introd., PG IB) | waren; hier: sind |
| erupção (a) (U1, TC) | Eruption, Ausbruch |
| erupção submarina (a) (U4, AO) | unterseeischer Ausbruch |
| escada de serviço (a) (U12, AO) | Treppe (für Warenannahme oder Hausangestellte) |
| escadinhas (= escadas) (as) (U3, AO) | Treppen |
| escala aérea (a) (U4, TC) | Zwischenlandeplatz |
| escala de navegação marítima (a) (U4, TC) | Anlaufhafen, Zwischenstation |
| escama de peixe (a) (U4, TC) | Fischschuppe |
| escarpado (U4, AL) | steil |

| | |
|---|---|
| esclarecido (U8, Ao/Al) | aufgeklärt |
| escola de samba (a) (U6, AO) | Sambaschule |
| escola pública/particular (a) (U10, AL) | öffentliche Schule/Privatschule |
| escolaridade (a) (U10, AL) | Schulzeit |
| escolha a resposta certa (U5, AE III) | suchen Sie die passende Antwort aus |
| escolher (U4, PG VII) | aussuchen |
| esconder (U12, AE III) | verstecken |
| escravatura (a) (U6, PG VII) | Sklaverei |
| escravo (o) (U6, PG VII) | Sklave |
| escrito (Partizip v. escrever) (U2, PG IIB) | geschrieben |
| escuro (U1, PG VI) | dunkel |
| esmagado (U5, AO) | zerdrückt |
| esmeralda (a) (U1, AO) | Smaragd |
| espaço lusófono (o) (U9, PG II) | portugiesischsprechender Raum |
| espaços verdes (os) (U1, PG VA) | grüne Fläche |
| espada (a) (U1, PG VII) | Schwert |
| espanto (o) (U1, AO) | Erstaunen |
| especial (U6, PG VII) | besonders |
| especialidade culinária (a) (U5, 1. Seite) | kulinarische Spezialität |
| especialidades das quais ... (U5, PG VI) | Spezialitäten, von denen ... |
| espectador (o) (U2, PG VII) | Zuschauer |
| espelho (o) (U6, AL) | Spiegel |
| esperança (a) (U8, AO/AL) | Hoffnung |
| espetacular (U6, AO) | spektakulär, prunkvoll |
| espetáculo (o) (U6, AE I) | Spektakel |
| espetáculo anual (o) (U6, TC) | jährliches Spektakel |
| espingarda (a) (U7, TC) | Gewehr |
| esplanada (a) (U10, AO) | Terrasse (eines Cafes) |
| espontâneo (U8, Ao/Al) | spontan |
| esquecer-se (U4, AO) | vergessen |
| esquema (o) (U1, PG VI) | Schema, Entwurf |
| esquentando o coco no forno (U5, AO) | indem Sie die Kokosnuß in der Backröhre erwärmen |
| esquentar (U5, AO) | heiß machen, erhitzen |
| esquente óleo (U5, AO) | machen Sie Öl heiß (Sg.) |
| essencialmente (U2, AL) | vorwiegend |
| estabelecer (U8, AO/AL) | etablieren, bestimmen, festlegen |
| estabilidade financeira (a) (U8, AO/AL) | Stabilität der Finanzen |
| estado (o) (U7, AO) | Land (politisch); auch: Staat |
| estado de trauma (o) (U8, Ao/Al) | traumatischer Zustand |
| estágio (o) (U10, AO) | Praktikum |
| estaleiros de construção naval (os) (U3, AO) | Werft, Schiffsbauanlage |
| estanho (o) (U2, AL) | Zinn |
| estar ansioso por (U11, AO) | es kaum erwarten können, sich sehr nach etwas sehnen |
| estar apto a atender os clientes (U11, PG II) | dazu fähig sein, die Kunden zu empfangen/bedienen |
| estar à espera de resposta (U10, AO) | auf eine Antwort warten |
| estar de avental (U5, AO) | eine Schürze anhaben |

| | |
|---|---|
| estar dependente (U8, TC) | abhängig sein |
| estar em flor (U1, AO) | blühen |
| estar interessado em … (U11, AO) | Interesse haben an … /etwas zu tun |
| estar presente (U7, AO) | anwesend sein |
| estar situado (U4, AO) | sich befinden |
| (estar) situado no tempo (Introd., PG II) | zeitlich begrenzt |
| estar vestido de (= usar) calça …(U12, AO) | eine Hose … anhaben/tragen |
| estas casas foram construídas (U4, PG VII) | diese Häuser wurden gebaut |
| estátua (a) (U10, AO) | Statue |
| estatuto (o) (U4, AL) | Statut |
| estava (Imp. v. estar) (Introd., 1. Seite) | war |
| estavam (Imp. v. estar) (Introd., AO) | waren |
| estavam em flor (Introd., AO) | blühten |
| estavam reunidos (U1, AO) | waren versammelt |
| está a chegar ao fim (U4, 1. Seite) | nähert sich dem Ende, wird bald zu Ende sein |
| está sossegado (U5, PG IB) | sei still/ruhig |
| estás com um aspecto fantástico (U5, PG IIB) | du siehst aber toll aus |
| estender-se (U4, TC) | sich erstrecken, ausdehnen |
| esteve prestes a realizar-se (U9, PG II) | hätte beinahe stattgefunden |
| estiagem (a) (U7, AL) | Trockenheit, Wassermangel |
| estilo original (o) (U4, PG VII) | ursprünglicher Stil |
| estimulante (U7, PG VIII) | anregend |
| estou querendo (Introd., AO) | ich will, habe vor |
| estrada (a) (U5, PG IC) | Straße, Fahrbahn |
| estragar (U5, AE III) | kaputtgehen, verderben |
| estragos materiais (os) (U4, AE III) | Sachschäden |
| estrangeiro (o) (U2, PG IB) | Ausland; Ausländer |
| estrangeiro (U2, TC) | fremd, ausländisch |
| estrangeiros (os) (U11, AL) | Ausländer; hier: Touristen |
| estranho (U1, AO) | fremd, eigenartig |
| estrear (/a estrear) (U11, AO) | wörtl.: zum ersten Mal gebrauchen; hier: neu |
| estrela (a) (U2, AL) | Stern |
| estrela-do-mar (a) (U10, PG II) | Seestern |
| estrelícia (a) (U4, AL) | Strelitzia, Papageienblume |
| estrutura (a) (U11, AL) | Struktur |
| estudava (Imp. v. estudar) (U1, AO) | lernte, studierte |
| estudos (os) (U10, 1. Seite) | Studium |
| Estugarda (U7, PG III) | Stuttgart |
| etapa (a) (U8, AO/AL) | Etappe |
| eternamente (U7, PG VIC) | ewig (Adverb) |
| eterno (U3, AO) | ewig |
| EUA (Estados Unidos da América) (os) (U8, PG XII) | Vereinigte Staaten von Amerika |
| eu cá (U11, TC) | ich (was mich betrifft, meinerseits) |
| eu estou para o mesmo (U10, AO) | mir geht es genauso; bei mir ist es das gleiche |

| | |
|---|---|
| eucalipto (o) (U3, AL) | Eukalyptus |
| euforia (a) (U1, AO) | Euphorie |
| europeu (U2, TC) | europäisch |
| evidentemente (U2, AO) | natürlich, klar |
| evitar (U11, AL) | vermeiden |
| evocar (U6, TC) | herbei-, hervor-, wachrufen, vergegen-wärtigen |
| evolução (a) (U4, AE II) | Entwicklung |
| evolução política (a) (U8, AO/AL) | politische Entwicklung/Entfaltung |
| ex-presidente (o) (U10, PG II) | Ex-Präsident |
| exame (o) (U10, AO) | Examen, Prüfung |
| exame vestibular (o) (U10, AL) | Aufnahmeprüfung |
| exceção (a) (U4, AE I) | Ausnahme |
| excelente (U2, AO) | excellent, hervorragend |
| excesso de velocidade (o) (U12, TC) | überhöhte Geschwindigkeit |
| exclamar (U1, AO) | ausrufen |
| excluir (U11, PG VIII) | ausschließen |
| exclusivamente (U2, PG IC) | ausschließlich |
| exemplo (o) (Introd., PG II) | Beispiel |
| exercer (U10, PG VIII) | ausüben |
| exercício oral (o) (U5, PG III) | mündliche Übung |
| exigir (U6, PG IB) | verlangen, fordern |
| exilado (U8, AO/AL) | im Exil, verbannt |
| exílio (o) (U9, PG X) | Exil |
| existente (U6, TC) | bestehend, vorhanden |
| existiam (Imp. v. existir) (U1, AL) | existierten |
| existir (U1, AL) | existieren |
| exótico (U5, AO) | exotisch |
| experiência extraordinária (a) (Ap., I) | hier: wunderbare(s) Erfahrung/Erlebnis |
| experimentar (U5, AO) | ausprobieren; auch: experimentieren |
| explicar (U1, AO) | erklären |
| exploração (a) (U7, TC) | Gewinnung; auch: Erforschung, Ausbeutung |
| explorar (U7, AL) | hier: abbauen; auch: erforschen, aus-beuten |
| explorar esses recursos naturais (U8, TC) | hier: diese Bodenschätze abbauen |
| exportado (U4, TC) | exportiert |
| exportador (o) (U7, AL) | Exporteur |
| expressão (a) (U1, PG IB) | Ausdruck; auch: Gesichtsausdruck |
| expressão fixa (a) (U7, PG IC) | fester Ausdruck |
| exprimir (U2, PG IC) | ausdrücken |
| expulsão (a) (U8, AO/AL) | Entlassung, das Ausstoßen |
| expulsar (U2, PG IIB) | austreiben, vertreiben |
| extensão (a) (U3, AL) | Ausdehnung, Strecke, Länge |
| exterior (o) (U2, TC) | Außengebiete |
| externo (U9, AO) | extern |
| extinto (U4, AO) | verlöscht |
| extração (a) (U2, AL) | Extraktion; hier: Erzgewinnug |
| extraído (U3, TC) | hier: gewonnen |
| extrativo (U2, AO) | abbauend, gewinnend |

| | |
|---|---|
| extratos do jornal (os) (U12, TC) | Ausschnitte aus Zeitungsartikeln |
| extremamente (U4, AL) | extrem (Adverb) |
| exuberante (U2, AO) | üppig |
| é bom que (U6, PG IB) | es ist gut, daß |
| é cantado por homens (U3, AO) | wird von Männern gesungen (Passiv) |
| é conveniente = convém (U6, PG IB) | es empfiehlt sich, es ist vorteilhaft |
| é ele mesmo/o próprio (U12, AO) | hier: am Apparat |
| é eleito (U8, AO/AL) | wörtl.: wird (hier: wurde) gewählt |
| é esta a razão pela qual (U1, PG VII) | das ist der Grund, warum ... |
| é mesmo (U6, AO) | es ist wirklich |
| é óbvio (U3, AO) | es ist klar; offenbar |
| é pago por nós (U2, PG IIA) | wird von uns bezahlt (Passiv) |
| é pena que (U6, PG IB) | es ist schade, daß ... |
| é por esta razão = é esta a razão (U1, AO) | das ist der Grund |
| é proibido jogar à bola (U12, PG V) | Ballspielen verboten |
| é provável (U6, AE II) | es ist möglich/wahrscheinlich |
| é provável que (U6, PG IB) | es ist wahrscheinlich, daß |
| é que (U6, AO) | hier: denn; auch: es ist nämlich so, daß |
| é substituído (U5, PG IB) | wird ersetzt |
| é traduzido pelo presente (U3, PG IB) | wird mit dem Präsens übersetzt |
| êxito (o) (U5, PG IIA) | Erfolg |
| fábrica de papel (a) (U11, AO) | Papierfabrik |
| faça (Imperativ v. fazer) (U5, AO) | machen Sie, bereiten Sie vor |
| facção oposta (a) (U9, AL) | Gegenfraktion |
| faceta (a) (Ap., I) | Seite |
| facilmente (U5, AO) | leicht (Adverb) |
| fala do Agostinho (a) (U10, PG XII) | die Worte von Agostinho |
| falado (Partizip v. falar) (U2, PG IC) | gesprochen |
| falar caro (U4, PG II) | hier: sehr korrekt (wörtl.: teuer) sprechen |
| falar por alto (U5, PG III) | kurz erwähnen |
| falso (U4, AE III) | falsch |
| falta de civismo (a) (U12, TC) | fehlendes Verantwortungsbewußtsein |
| falta de créditos (a) (U7, AL) | Fehlen von Krediten |
| faltar (U2, PG VII) | fehlen |
| faltar a luz = falta de luz (a) (U2, PG VII) | Stromausfall |
| família real (a) (U9, AL) | königliche Familie |
| famoso (U1, AO) | berühmt |
| fantasia (a) (U6, AO) | hier: Faschingskostüm; auch: Phantasie |
| fantasiado de caipira (U6, PG VII) | als Bauer kostümiert |
| fantástico (U1, AL) | phantastisch, unglaublich |
| farol (o) (U4, AO) | Leuchtturm |
| fase (a) (U4, AO) | Phase, Entwicklungsstufe |
| fase de calma (a) (U4, AO) | Ruhephase |
| fato (o) (= facto) (U1, TC) | Fakt, Tatsache |
| fator (o) (U2, AE II) | Faktor |
| fauna (a) e flora (a) (U9, AL) | Fauna und Flora |
| favorável (U9, AL) | günstig |
| favorecido (U7, AL) | begünstigt |
| faz doer a alma (U4, AO) | es schmerzt einen in der Seele |
| faz sol (U6, PG III) | die Sonne scheint |

| | |
|---|---|
| fazenda (a) (U7, AO) | großes Landgut |
| fazenda de café (a) (U7, AO) | Kaffeeplantage |
| fazendeiro (o) (U7, AO) | Großgrundbesitzer |
| fazer anos (U10, AO) | Geburtstag haben |
| fazer as malas (U12, PG IV) | Koffer packen |
| fazer com que ... (U6, TC) | etwas ermöglichen |
| fazer de conta(U12, PG IV) | so tun als ob |
| fazer dieta por (2 dias) (U5, PG IIB) | (2 Tage lang) Diät machen |
| fazer lembrar (U1, PG VII) | erinnern, sich ins Gedächtnis rufen |
| fazer parte (U5, TC) | gehören zu |
| fazer parte de (U6, AO) | dazugehören |
| fazer-se sentir (U4, AO) | sich spürbar machen |
| fechado (Introd., PG IB) | geschlossen |
| feijão (o) (U7, AL) | Bohne(n) |
| feio (U1, PG VI) | häßlich |
| feira (a) (U2, PG VI) | Markt (wöchentlich od. jährlich) |
| feito (Partizip v. fazer) (U2, PG IIB) | gemacht, getan |
| felicidade (a) (U1, PG VI) | Glück |
| feminino (U8, PG IV) | weiblich |
| fenício (o) (U9, AO) | Phönizier |
| fenómeno (o) (Introd., PG II) | Phänomen; hier: Fall |
| feriado (o) (Introd., PG IB) | Feiertag |
| ferida (a) (U8, Ao/Al) | Wunde |
| ferido leve/grave (o) (U12, TC) | Leicht-/Schwerverletzter |
| ferro (o) (U7, AO) | Eisen |
| ferry-boat (o) (= a barca/balsa) (U12, AO) | Fähre |
| fértil (U2, AO) | fruchtbar |
| Festas populares (U6, Titel) | Volksfeste, -festivitäten, Feierlichkeiten |
| festa (a) (U2, PG VI) | Fest |
| festa religiosa dos negros (a) (U6, TC) | religiöses Fest der Schwarzen |
| festejar (U8, AEI ) | feiern |
| festividades (as) (U3, AO) | Festlichkeiten |
| fez (Perfekt v. fazer) (U1, AL) | hat gemacht |
| fiação (a) (U2, AL) | Spinnerei |
| fibras de sisal (as) (U7, AL) | Sisalfaser |
| ficar a conhecer (U3, AO) | kennenlernen |
| ficar agradecido (U4, AO) | jemandem sehr dankbar sein |
| ficar com (U12, PG IV) | behalten |
| ficar com fome (U6, AO) | hungrig werden |
| ficar em (U12, PG IV) | betragen |
| ficar encarregado de (U5, AO) | die Aufgabe haben, etwas zu tun |
| ficar mais fraco (U1, AE I) | schwächer werden |
| ficar mole (U5, AL) | weich werden |
| ficar para (U12, PG IV) | verschieben auf |
| ficar sem lar (U4, AO) | obdachlos werden |
| ficar sem o relógio (U12, PG IV) | seine Uhr nicht mehr haben |
| ficar situado (U1, TC) | liegen, sich befinden |
| ficar todo/a contente (U11, AL) | sich sehr freuen |
| ficar triste (U11, AL) | traurig werden/bleiben |
| ficou famoso pelas pedras preciosas | wurde wegen seiner Edelsteine |

| | |
|---|---|
| (U7, AO) | berühmt |
| ficou soterrado (U4, AO) | wurde (wörtl.: blieb) begraben, verschüttet |
| | |
| fidalgo (o) (U9, PG X) | Adliger |
| figo (o) (U11, TC) | Feige |
| fila (a) (U6, AO) | Schlange; auch: Reihe |
| filigrana (a) (U2, AO) | Filigran |
| filme (o) (Introd., PG II) | Film |
| filme de ficção científica (o) (U4, AO) | Science-Fiction-Film |
| filme de jeito (o) (U10, AO) | einigermaßen guter Film |
| finalista (o/a) (U3, AO) | Absolvent |
| financeiro (Adjektiv) (U2, TC) | finanzierend |
| financiar (U11, AO) | finanzieren |
| fio para o pescoço (o) (U6, PG VII) | Halskette |
| firma (a) (U2, TC) | Firma |
| físico (U1, AO) | physisch |
| fita (a) (port.: cassete) (U6, AO) | hier: Cassette |
| fita (a) (U3, AO) | Band, Streifen |
| fixo (U6, AO) | hier: fest installiert |
| florescer (U1, AO) | blühen |
| fogo (o) (U6, AL) | Feuer |
| fogueira (a) (U6, PG VII) | hier: Johannisfeuer |
| foi abolida a pena de morte (U9, AL) | wurde die Todesstrafe abgeschafft |
| foi conduzido ao hospital municipal (U12, AL) | wurde ins städtische Krankenhaus eingeliefert |
| foi eleito pelo povo um meio-irmão (U9, AL) | wurde vom Volk ein Halbbruder gewählt |
| foi reconhecido pelo Papa (U9, AO) | wurde vom Papst anerkannt |
| foi um prazer (Ap., 1. Seite) | es war mir ein Vergnügen |
| foi/é giro (bras.: legal) (Ap., I) | es war/ist toll |
| folclórico (U4, TC) | volkstümlich |
| folha de louro (a) (U5, AO) | Lorbeerblatt |
| folião (o) (U6, AO) | hier: Narren, Leute die den Karneval feiern |
| | |
| fomentar (U9, AO) | unterstützen, fördern |
| fomento (o) (U8, AO/AL) | Förderung |
| fonte de riqueza (a) (U4, TC) | Einnahmequelle |
| fora da cidade (U11, AO) | außerhalb der Stadt |
| foram autuados/multados (U12, TC) | wurden mit einer Geldstrafe belegt |
| foram detidos(U12, TC) | hier: wurden aufgehalten; auch: wurden verhaftet |
| foram levados para ... como escravos (U6, TC) | wurden als Sklaven nach ... gebracht |
| foram-lhes apreendidas (as cartas) (U12, TC) | (die Führerscheine) wurden ihnen entzogen |
| Forças Armadas (as) (U8, AO/AL) | Armee, Streitkräfte |
| força (a) (U1, PG VI) | Kraft |
| forma contraída (a) (U4, PG IB) | kontrahierte Form |
| forma de cortesia (a) (U5, PG IIB) | Höflichkeitsform |
| forma de expressão (a) (U4, PG IC) | Ausdrucksform |

| | |
|---|---|
| forma perifrástica (a) (U4, PG IC) | periphrastische (umschreibende) Form |
| forma verbal (a) (U4, PG II) | Form des Verbums |
| formação (a) (U2, PG IB) | Bildung |
| formar (U1, TC) | bilden, formen |
| formas caprichosas (as) (U4, AO) | bizarre Gestalten/Formen |
| fornecer (U7, AO) | hier: geben; auch: versorgen, liefern |
| fornecer (U8, AE I) | hier: vorschreiben |
| fortuna (a) (U10, AO) | Vermögen |
| fósforo (o) (U2, PG VII) | Streichholz |
| fotocopiar folhas (U9, PG IIIB) | Blätter fotokopieren |
| fotografia (a) (U2, PG VI) | Foto |
| França (a) (U10, TC) | Frankreich |
| frase (a) (U1, AE I) | Satz |
| frase exclamativa (a) (U9, PG II) | Ausrufesatz |
| frase interrogativa (a) (U8, PG IIC) | Fragesatz |
| frase principal; frase relativa (a) (U7, PG IC) | Hauptsatz; Relativsatz |
| frase subordinada (a) (U1, PG IB) | Nebensatz |
| fratura no solo (a) (U4, AO) | Erdspalte, Riß im Boden |
| frequentar (U6, TC) | besuchen, teilnehmen |
| frequente (U4, AO) | häufig |
| frigideira (a) (U5, PG IV) | Pfanne |
| frondoso (U7, TC) | dicht belaubt |
| fronteira (a) (U7, PG VIIA) | Grenze |
| fubá (o) (port.: milho moído) (U6, PG VII) | Mais(-mehl) |
| fugir (U12, AE I) | fliehen, entkommeen |
| fumar (U6, PG IB) | rauchen |
| funcionar (U9, PG II) | funktionieren; hier: fungieren |
| fundado pelo rei D. Dinis (U3, AO) | von König Dom Dinis gegründet |
| fundo (o) (U2, TC) | hier: Fond |
| fundo comunitário (o) (U11, AO) | EG Fond |
| fundo da panela (o) (U5, AL) | Boden eines Kochtopfes |
| funeral (o) (U6, PG VII) | Beerdigung |
| futebol (o) (U10, AO) | Fußball |
| futuro (o) (U4, PG IA) | Futur, Zukunft |
| futuros professores (os) (U10, AL) | zukünftige Lehrer |
| gado bovino (o) (U4, AL) | Rinder |
| gado leiteiro (o) (U3, AL) | Rinder |
| gaivota (a) (Introd., AO) | Möwe |
| galego (U9, AO) | galizisch |
| galinha (a) (U5, AO) | Huhn, Henne |
| gamba (a) (U5, PG IV) | Garnele, große Krabbe |
| ganhar (U2, PG IIB) | verdienen; auch: gewinnen |
| ganhar um pouco do gosto de (U5, AE III) | den Geschmack von ... annehmen |
| garagem (a) (U5, PG IC) | Garage |
| garantia (a) (U11, AO) | Garantie |
| garantir (U8, AO/AL) | versichern |
| gasolina (a) (U7, PG III) | Benzin |
| gastar (U2, PG IIB) | ausgeben; auch: verschwenden |
| gás (o) (U4, AO) | Gas |

| | |
|---|---|
| gaúcho (U10, AO) | aus dem Gebiet der Gauchos (südamerikanischer Viehhirte) |
| general (o) (U8, AO/AL) | General |
| generalizar-se (U5, PG IIB) | generalisieren, verallgemeinern |
| género (o) (U2, PG IIA) | Art; u.a. auch: Gattung, Artikel |
| geológico (U3, AL) | geologisch |
| geral (U11, AL) | generell |
| geralmente (U2, PG IIA) | meistens, im allgemeinen |
| gerência (a) (Introd., PG IB) | Geschäftsführung |
| gerúndio (o) (U6, PG IIA) | Gerundium |
| gestão de empresas (a) (U10, AO) | Betriebswirtschaft |
| gesto (o) (U3, AO) | Handbewegung; Geste |
| goiaba (a) (U7, AO) | Guave |
| gostavam (Imp. v. gostar) (U1, AO) | mochten (sie) |
| gostoso (Introd., AO) | wörtlich: schmackhaft; bras.: nett, schön |
| gota de piripiri (a) (U5, AO) | Tropfen von in Olivenöl eingelegtem rotem Pfeffer (sehr scharf) |
| gótico (U9, PG X) | gotisch |
| governar (U9, AO) | regieren, verwalten |
| governo (o) (U4, AL) | Regierung, Verwaltung |
| graças a Deus (U6, AO) | Gott sei Dank; zum Glück |
| graças a uma liberdade total de credo (U6, TC) | dank einer totalen Glaubensfreiheit |
| gradualmente (U9, PG II) | allmählich (Adverb) |
| grama (o) (U5, AO) | Gramm |
| grande(s) velocidade(s) (U12, TC) | hohe Geschwindigkeit |
| grandiosidade (a) (U9, PG X) | Großartigkeit, Pracht |
| "Grândola, Vila Morena" (U8, AO/AL) | "Grândola, sonnengebrannte Stadt" |
| granito (o) (U2, AO) | Granit |
| grão (o) (U7, PG VIII) | hier: Kaffeebohne; auch: Korn |
| grau (o) (U10, AL) | wörtl.: Grad; hier: Stufe |
| gravado (U4, AO) | wörtlich: eingraviert; hier: eingeprägt |
| grave (U11, PG VI) | schlimm; erheblich |
| grávida (U11, AO) | schwanger |
| grego (o) (U9, AO) | Grieche |
| grelhar (U5, PG IIB) | grillen |
| greve (a) (U8, AO/AL) | Streik |
| gripe (a) (U3, PG V) | Grippe |
| gritando (U6, AO) | hier: und priesen an; wörtl.: schreiend |
| grito (o) (U3, AO) | Schrei |
| grupo sueste (o) (U1, TC) | südöstliche Gruppe |
| guaraná (o) (U7, AL) | Guarana (bras. Frucht u. Getränk) |
| guarda-sol (o) (U10, PG II) | Sonnenschirm |
| guardar touros (U3, AL) | Stiere hüten |
| Guerra Colonial (a) (U8, AO/AL) | Kolonialkrieg |
| guerra civil (a) (U8, TC) | Bürgerkrieg |
| guerreiro (U6, TC) | kriegerisch, kriegführend |
| guia (o) (U4, AO) | Reiseführer |
| guitarra (a) (cf. c/ viola) (U12, PG III) | port. Gitarre (vgl."viola": Gitarre) |
| habitacional (U11, AO) | Wohn- |

| | |
|---|---|
| habitante (o) (U1, AL) | Einwohner |
| habitar (U9, AO) | bewohnen |
| habitual (U12, TC) | gewöhnlich |
| há de ser (U9, AO) | wird sein |
| há de ser a Cláudia (U9, PG II) | es wird (bestimmt) Claudia sein |
| há pouco (U10, AO) | vor kurzem |
| há uns anos (Introd., AO) | seit einigen (wörtl.: vor einigen) Jahren |
| hábitos alimentares (os) (U5, PG IIB) | Eßgewohnheiten |
| hábitos e costumes (os) (U6, 1. Seite) | Sitten und Gebräuche (wörtl.: Gewohnheiten und Bräuche) |
| | |
| harmonia (a) (U2, PG VII) | Harmonie |
| havia (Imp. v. haver) (Introd., AO) | es gab |
| há muito tempo (U1, AO) | vor langer Zeit |
| hectare (o) (U7, PG, VIIA) | Hektar |
| hei de ajudar-te (U9, PG II) | ich werde dir (sicher) helfen |
| herdeiro (o) (U9, AO) | Erbe |
| heroína (a) (U12, TC) | Heroin (Rauschgift); auch: Heldin |
| herói (o) (U1, PG VI) | Held |
| hierárquico (U12, PG V) | hierarchisch |
| hífen (o) (U4, PG II) | Bindestrich |
| hipótese (a) (U8, PG IC) | Hypothese |
| História policial (U12, Titel) | Ein Krimi |
| história de polícias e ladrões (a) (U12, 1. Seite) | wörtl.: Geschichte über Polizisten und Diebe; hier: Krimi |
| histórico (U1, PG II) | historisch, geschichtlich |
| hoje em dia (U6, AO) | heutzutage |
| Homem (o) (U7, PG VIC) | der Mensch |
| homem (o) (U1, AO) | Mann |
| hora de ponta (a) (U11, AO) | "rush hour", Hauptverkehrszeiten |
| hortênsia azul (a) (U4, TC) | blaue Hortensie |
| hospedeira (a) (U4, AO) | Stewardeß |
| hospitalidade (a) (Ap., I) | Gastfreundschaft |
| hospitalizado (U12, AL) | im Krankenhaus liegend |
| humanista (U8, AO/AL) | humanistisch |
| humano (U8, Ao/Al) | menschlich |
| ia (Imp. v. ir) (Introd., AO) | (ich) ging, fuhr |
| ia perdendo o metro (U9, PG II) | ich hätte beinahe die U-Bahn verpaßt |
| iam (Imp. v. ir) (U1, PG IB) | gingen, fuhren |
| Iberos (os) (U9, AO) | Iberer |
| Idade Contemporânea (a) (U9, AL) | Neuzeit |
| Idade Média (a) (U9, PG AL) | Mittelalter |
| ida ao café (a) (= ir ao café) (U10, AO) | ins/zum Café gehen |
| idade (a) (U1, AL) | Alter |
| idade escolar (a) (U9, AO) | schulpflichtiges Alter |
| ideal (o) (U11, AO) | das Beste/Ideal |
| ideia (a) (U4, PG VIIIB) | Idee |
| idêntico (Introd., PG II) | ähnlich |
| identidade cultural (a) (U8, PG XII) | kulturelle Identität |
| identificação dos responsáveis (a) (U12, AL) | Identifizierung der Täter |

| | |
|---|---|
| ignorar (U6, PG IB) | ignorieren |
| igualmente (U1, PG IB) | gleichfalls, ebenfalls |
| ilha (a) (U1, AL) | Insel |
| ilhéu (o) (U8, TC) | kleine Insel |
| ilhota (a) (U4, AO) | kleine Insel |
| iluminado (U3, AO) | beleuchtet |
| iluminar (U6, PG VII) | (be-)leuchten |
| imaginação (a) (U5, PG IIB) | Fantasie; auch: Vorstellungskraft |
| imaginar (U4, PG VIIIB) | vorstellen |
| imaginário (U7, 1. Seite) | imaginär |
| imediatamente (U2, AL) | sofort |
| imenso (U2, AO) | sehr viel, immens |
| imigração (a) (U2, TC) | Immigration, Einwanderung |
| imigrante (o) (U7, AO) | Immigrant, Einwanderer |
| imitar a magnificência(U9, AL) | die Pracht nachahmen |
| imortalizar (U10, AO) | verewigen |
| impedir (U12, AL) | vermeiden |
| imperador (o) (fem.: imperatriz) (U9, AL) | Kaiser |
| imperativo (o) (PG IA) | Imperativ (Befehlsform) |
| imperfeito (o) (Introd., PG IB) | Imperfekt (Präteritum) |
| Império Romano (o) (U9, AO) | römisches Imperium |
| impessoal (U6, PG IB) | unpersönlich |
| implantação da República (a) (U9, TC) | Einführung der Republik |
| impor (U8, AO/AL) | aufzwingen, sichern |
| importância (a) (Introd., AO) | Wichtigkeit |
| impossível (U6, PG IB) | unmöglich |
| imprescindível (U8, Ao/Al) | unentbehrlich |
| impressionante (U3, AO) | beeindruckend |
| impressionar (U4, AE I) | beeindrucken |
| impressora para o computador (a) (U10, AO) | Drucker für den Computer |
| imprevisto (o) (U2, PG VII) | Unvorhergesehenes, Unerwartetes |
| improvável (U7, PG II) | unwahrscheinlich |
| incerteza (a) (U4, PG IC) | Unsicherheit |
| incerto (U7, PG IB) | unsicher |
| incluir (U7, PG VIIB) | beinhalten, einschließen |
| inclusive (U5, PG IB) | inklusive, einschließlich |
| incomodar-se com (U5, PG IC) | sich Umstände machen mit ..., sich kümmern um |
| inconcebível (U5, TC) | unvorstellbar |
| indagar (U4, AO) | erkunden; hier: fragen |
| independência (a) (U8, AO/AL) | Unabhängigkeit |
| independente (U8, TC) | unabhängig |
| indescritível (U1, AL) | unbeschreiblich |
| indicar (U6, PG IIB) | aufweisen, angeben |
| indígena (U7, TC) | einheimisch |
| indignação (a) (U8, PG IIC) | Empörung |
| indispensável (U5, TC) | unentbehrlich |
| indivíduo (o) (U12, TC) | Individuum |
| industrial (o) (U8, Ao/Al) | Unternehmer |

| | |
|---|---|
| industrial (U2, AE II) | industriell |
| industrialização de zonas rurais (a) (U11, AO) | Industrialisierung von ländlichen Gebieten |
| industrializado (U3, AO) | industrialisiert |
| indústria (a) (U2, AO) | Industrie |
| indústria alimentar (a) (U2, AO) | Lebensmittelindustrie |
| indústria metalomecânica (a) (U2, AO) | Metallindustrie |
| inevitável (U5, TC) | unvermeidlich |
| Infante D. Henrique (o) (U1, AL) | Heinrich, der Seefahrer |
| infelizmente (U4, PG VII) | leider |
| inferior a (U8, PG XII) | niedriger als |
| infinitivo pessoal (o) (U9, PG IA) | persönlicher Infinitiv |
| influências cristãs (as) (U6, TC) | christliche Einflüsse |
| informação geral (a) (U7, PG VIIA) | allgemeine Information |
| infra-estruturas (as) (U2, TC) | Infrastrukturen |
| ingredientes (os) (U5, AO) | Zutaten |
| iniciar (U2, PG IB) | beginnen |
| iniciativas no campo da agricultura (as) (U11, AO) | Initiativen im landwirtschaftlichen Bereich |
| início (o) (U6, AO) | Beginn, Anfang |
| inimigo (o) (U1, PG VI) | Feind |
| inscrever-se num curso (U10, AL) | sich für einen Kurs einschreiben |
| instabilidade política (a) (U9, AL) | politische Instabilität |
| instalado (U5, PG IC) | untergebracht; auch: installiert |
| meninos (os) (U5, PG IC) | Kinder, Kleine (allg. Begriff) |
| instauração (a) (U9, AL) | Entstehung |
| institucionalizar (U8, AO/AL) | festsetzen; auch: institutionalisieren |
| instrumento musical (o) (U6, PG VII) | musikalisches Instrument |
| insucesso (o) (U1, PG VI) | Mißerfolg |
| insular (U8, TC) | insular, Insel- |
| integração na Europa (a) (U8, AO/AL) | Integration in Europa |
| integrar (U9, PG X) | integrieren |
| inteiramente de acordo (U8, Ao/Al) | ganz einverstanden |
| inteiro (U4, AO) | ganz |
| intelectual (o) (U8, AO/AL) | Intellektueller |
| intenção (a) (U9, PG II) | Absicht |
| intensamente (U6, AO) | intensiv (Adverb) |
| intensidade (a) (U4, AO) | Intensität |
| interceptar um veículo (U12, AL) | ein Fahrzeug zum Anhalten auffordern |
| interessantíssimo (U3, TC) | äußerst interessant |
| interesse (o) (U2, AL) | Interesse |
| interjeição (a) (U2, PG IC) | Interjektion, Ausrufewort |
| internacional (U4, TC) | international |
| interno (U8, AO/AL) | intern |
| interpretação (a) (Introd., AE) | Interpretation |
| interregno (o) (U9, TC) | Interregnum, Übergangsregierung |
| interrogar (U8, Ao/Al) | (be-)fragen |
| interromper (U3, AO) | unterbrechen |
| interrupção (a) (U2, PG VII) | Unterbrechung |
| intervalo (o) (U4, AO) | Pause |

| | |
|---|---|
| intitulado (U10, AL) | mit dem Titel |
| intraduzível (U9, PG X) | unübersetzbar |
| introdução (a) (Introd., 1. Seite) | Einführung |
| introduzir (Introd., 1. Seite) | einführen |
| inúmeras prisões (U8, AO/AL) | unzählige Festnahmen |
| invadir (U9, AO) | überfallen |
| invariável (U7, PG III) | unveränderlich |
| invasão (a) (U7, TC) | Invasion, Ansturm |
| invasão napoleónica (a) (U9, AL) | Napoleonische Invasion |
| inventar (U7, PG VIII) | erfinden |
| inversão (a) (U4, PG IV) | Inversion, Umstellung |
| investimento (o) (U2, TC) | Investition |
| ir buscar (U5, AO) | holen |
| ir-se embora (U11, AL) | weggehen |
| irmã (a) (U4, AO) | Schwester |
| irmão (o) (U11, AL) | Bruder |
| irreal ou irrealizável (U8, PG IC) | irreal oder undurchführbar |
| irreversível (U8, Ao/Al) | irreversibel |
| isolacionismo (político) (o) (U8, AO/AL) | Isolationspolitik |
| isolado (U11, AO) | wörtl.: isoliert; hier: allein, ohne Nachbarschaft |
| isqueiro (o) (U2, PG VII) | Feuerzeug |
| istmo (o) (U4, AO) | Isthmus, Landenge |
| isto é (U6, PG VII) | das heißt |
| jacaré (o) (U7, AO) | Alligator, Krokodil |
| jamais (U8, Ao/Al) | niemals |
| janela para o jardim (a) (U1, AO) | das Fenster zum Garten |
| jangada (a) (U7, AO) | Floß |
| Japão (o) (U4, TC) | Japan |
| jardim de infância (o) (U10, AL) | Kindergarten |
| jazida de ouro (a) (U7, TC) | Goldlagerstätte, -lager |
| já (U2, AO) | schon; hier: doch, aber |
| já agora (Introd., AO) | bei der Gelegenheit, wenn wir schon dabei sind |
| já estava marcada (U1, AO) | war schon fest/ausgemacht |
| já está melhor (U3, PG V) | es geht schon wieder besser |
| já que estás aqui, faz ... (U5, AO) | wenn du (schon) da bist, mach/tu ... |
| jogado (U4, AO) | geworfen, geschossen |
| jogando confete e lança-perfume (U6, AO) | hier: und wir streuten Konfetti und (parfümiertes) Wasser umher |
| jogar (bras.: pular) o Carnaval (U6, AE I) | den Fasching feiern |
| jogar no mar presentes (bras.) (U6, AL) | Geschenke ins Meer werfen |
| jogo de futebol (o) (U10, PG VIII) | Fußballspiel |
| jovem (o/a) (U10, AE II) | junger Mensch |
| jovem e sem descendentes (U9, AL) | jung und ohne Nachfolger |
| jubilar (U8, AO/AL) | jubeln |
| juiz (o) (U6, AO) | hier: Jury; auch: Richter |
| julgamento (o) (U12, TC) | Gerichtsverfahren, Urteil |
| Junta de Salvação Nacional (a) (U8, AO/AL) | eine Art Übergangsregierung, die vorübergehend die Macht ausübte; wörtl.: |

| | Kommission zur Rettung der Nation |
| --- | --- |
| juntamente com (U2, PG IIA) | zusammen, in Begleitung von |
| juntar (U2, PG IIB) | zusammentun, sammeln |
| juntar (U5, AO) | hier: hinzugeben |
| juntar dinheiro (U4, PG VII) | Geld sammeln |
| junte (Imperativ v. juntar) (U5, AO) | geben Sie dazu (Sg.) |
| junto (Introd., 1. Seite) | zusammen |
| junto a (U3, AO) | in der Nähe, am |
| justamente (U7, AO) | ganz genau |
| justifique a sua resposta (U5, PG VI) | hier: sagen Sie warum; rechtfertigen Sie Ihre Antwort |
| juta (a) (U7, AL) | Jute, Bastfaser |
| juventude (a) (U8, Ao/Al) | Jugend |
| lado (o) (U4, AO) | Seite |
| ladrão (o) (U12, AE III) | Dieb |
| lagoa (a) (U1, TC) | Kratersee, See |
| lagosta (a) (U8, TC) | Languste |
| lamentar (U6, PG IB) | bedauern |
| lanifícios (os) (U2, AL) | Wollindustrie |
| lar (o) (U4, AO) | Heim, Haus |
| laranja (a) (U7, AL) | Orange |
| lareira (a) U11, AO) | hier: Kamin (offenes Feuer) |
| largura (a) (U7, PG VIIA) | Breite |
| latente (U3, AO) | latent |
| laticínios (os) (U2, AL) | Milcherzeugnisse |
| latim (o) (U9, AO) | Latein |
| lavagem (a) (U6, AL) | das Waschen |
| lavoura (a) (U7, AL) | Landwirtschaft |
| lá em cima (U3, AO) | da/dort oben |
| lá para julho (U4, AO) | um den Juli herum |
| lê-me (Imperativ v. ler) (U5, AO) | lies mir (mal) vor |
| lei (a) (U12, TC) | Gesetz |
| leitura (a) (U4, AO) | das Lesen, die Lesung |
| lembrança (a) (U3, AE II) | Erinnerung, Gedächtnis |
| lembrancinha (a) (U7, AO) | kleines Andenken/Geschenk |
| lembrar-se (bras.: se lembrar) (U6, AO) | sich erinnern |
| lenda (a) (U1, 1. Seite) | Legende, Sage |
| lentamente (U6, AL) | langsam (Adverb) |
| leque (o) (U3, TC) | Fächer |
| leque de produtos (o) (U3, TC) | Vielfalt an Erzeugnissen |
| ler (U3, AO) | lesen |
| letra (a) (U3, AO) | Text (eines Lieds); auch: Buchstabe |
| levantar a mesa (U2, PG VII) | Tisch aufräumen |
| levantar-se (U1, AO) | aufstehen |
| levar a (U2, TC) | führen zu |
| levar uma vida conscientemente calma (U4, TC) | bewußt ein ruhiges Leben führen |
| leve (Imperativ v. levar) (U5, AL) | bringen Sie (Sg.) |
| levemente (U12, PG IX) | leicht (Adverb) |
| liberal (U9, AL) | liberal |

| | |
|---|---|
| liberdade de expressão (a) (U8, AO/AL) | Meinungsfreiheit; auch: Pressefreiheit |
| libertação dos presos (a) (U8, AO/AL) | Befreiung der Gefangenen |
| libertar-se do mal (U6, AL) | sich vom Bösen befreien |
| lição (a) (U3, AO) | Lektion; Lehrstunde; Lehre |
| liceu (bras.: ginásio) (o) (U9, AO) | Gymnasium |
| ligado (U3, AL) | verknüpft, verbunden |
| ligar (U4, AE I) | verbinden |
| limitar (U8, TC) | abgrenzen |
| limpa-chaminés (o) (U10, PG II) | Kaminkehrer |
| limpe (Imperativ v. limpar) (U5, AO) | putzen/waschen Sie (Sg.) |
| linguagem coloquial (a) (U5, PG IB) | Umgangssprache |
| linguagem escrita (a) (U2, PG IC) | Schriftsprache |
| língua (a) (U7, AO) | hier: Sprache; auch: Zunge |
| linha (a) (U1, AE III) | Zeile; auch: Linie |
| linho (o) (U2, AL) | Leinen |
| lírio (o) (U4, AL) | Lilie |
| lisboeta (U10, TC) | aus Lissabon |
| lista (a) (U1, PG VI) | Liste |
| literário e teatral (U10, TC) | Literatur und Theater betreffend |
| literato (o) (U10, AO) | Literat |
| literatura (a) (U9, AO) | Literatur |
| litoral nordestino (o) (U6, TC) | nordöstliches Küstengebiet |
| livraria (a) (U7, PG III) | Buchhandlung |
| livro aberto (o) (U3, TC) | offenes Buch |
| livro de cozinha (o) (Ap., I) | Kochbuch |
| local (U2, TC) | örtlich |
| local sossegado (o) (U11, AO) | ruhige Lage |
| localizar-se (U7, PG VIIA) | sich befinden |
| locução prepositiva (a) (U11, PG III) | präpositionaler Ausdruck |
| lógico (U6, PG IB) | logisch |
| logo (U1, AL) | gleich, sogleich; auch: sofort, später |
| logo (U5, PG IB) | hier: also, daher |
| logo que (U1, AL) | sobald |
| longo (U8, AO/AL) | lang |
| loucura (a) (U6, AO) | Wahnsinn |
| louro (U1, AO) | blond |
| lucrativo (U2, TC) | lukrativ |
| lugar (o) (U1, AL) | Stelle, Ort |
| lume (o) (U5, AL) | Feuer |
| luminoso (U7, TC) | leuchtend |
| luta (a) (U6, PG VII) | Kampf |
| lutar (U8, Ao/Al) | kämpfen |
| luxo (o) (U11, AO) | Luxus |
| macumba (a) (U6, TC) | afro-brasilianischer Synkretismus, mit afrikanischen und christlichen Einflüssen (abgeleitet von Candomblé) |
| madeira (a) (U2, AL) | Holz |
| madeirense (U4, AL) | von/aus Madeira |
| mãe (a) (U11, TC) | Mutter |
| magia (a) (U6, TC) | Magie |

| | |
|---|---|
| magnífico (U1, AL) | prächtig, großartig |
| maioria (a) (U2, PG IIA) | Mehrheit |
| mais uma vez (U3, AO) | noch einmal |
| mais-que-perfeito composto (o) (U2, PG IB) | zusammengesetzte Form des Plusquamperfekts |
| mal (U1, AO) | kaum; auch: schlecht |
| mal informado (U10, AO) | schlecht informiert |
| mal vestido (U1, PG VII) | schlecht angezogen; hier: ärmlich angezogen |
| malandro (o) (bras.: pilantra) (U12, AE I) | Einbrecher, Verbrecher |
| malévolo (U7, PG VIC) | böswillig |
| maloca (a) (U7, TC) | "Favela" - armselige Hütte |
| malta (a) (U12, AL) | die Clique |
| mamã (a) (U7, AO) | Mama |
| mamão (o) (port.: a papaia) (U7, AO) | Papaya |
| manada (a) (U3, AL) | Rinderherde |
| mancar (= coxear) (U12, AO) | hinken |
| mandou chamar (U1, AO) | ließ ... kommen |
| maneira (a) (U6, PG IIB) | Art; Art und Weise |
| manga (a) (U4, AL) | Mango |
| manifestação religiosa (a) (U4, TC) | religiöse Manifestation |
| manjar (o) (U6, TC) | Speise; auch: Leckerbissen |
| manjares para os deuses (os) (U6, TC) | Opfergaben für die Götter |
| manter (U7, TC) | aufrechterhalten, bewahren |
| manter (U8, AO/AL) | hier: (er-)halten |
| mão-de-obra (a) (U7, AO) | Arbeitskraft |
| mar (o) (Introd., AO) | Meer |
| maracujá (o) (U4, AL) | Passionsfrucht |
| maravilhoso (U1, AL) | wunderbar |
| marcar (U1, AO) | markieren, ausmachen (Termin) |
| margem (a) (U2, AO) | Ufer; auch: Rand |
| mármore (o) (U7, AL) | Marmor |
| Marrocos (U4, PG VII) | Marokko |
| masculino (U8, PG IV) | männlich |
| mata (a) (U7, AO) | Wald |
| matéria (a) (Introd., 1. Seite) | Stoff, Lehrstoff |
| matrícula falsa (a) (U12, AL) | falsches Kennzeichen |
| medicina (a) (U9, AO) | Medizin |
| medidas (as) (U8, Ao/Al) | Maßnahmen |
| medidas tomadas a fim de (U8, AO/AL) | ergriffene Maßnahmen mit dem Ziel |
| medieval (U4, PG VII) | mittelalterlich |
| medir (U4, AL) | messen |
| medronhos (os) e camarinhas (as) (U11, AL) | Baumerdbeeren und "Rauschbeeren" (in Portugal sehr häufige Waldbeeren; aus "medronho" wird auch Schnaps gebrannt) |
| meio ambiente (o) (U11, AO) | Umwelt |
| meio esquisito (U12, AO) | etwas komisch, außergewöhnlich |
| meio natural (o) (U7, TC) | natürlicher Lebensraum |
| meio século (U8, AO/AL) | halbes Jahrhundert |
| meios (os) (U8, Ao/Al) | Mittel |

| | |
|---|---|
| meios financeiros (os) (U8, TC) | finanzielle Mittel |
| melancolia (a) (U3, AO) | Melancholie |
| melancólico (Ap., I) | melancholisch |
| melhoramento (o) (U8, AO/AL) | Verbesserung |
| melhoria (a) (U2, TC) | Verbesserung |
| melodia (a) (U10, TC) | Melodie |
| memória (a) (U8, Titel, 1. Seite) | wörtl.: Gedächtnis |
| meninos, não consinto que (U6, PG IB) | Kinder, ich erlaube es nicht, daß |
| proibir ((U6, PG IB) | verbieten |
| mensagem de paz (a) (U8, AO/AL) | Friedensbotschaft |
| mentira (a) (U1, PG VI) | Lüge |
| Mercado Comum (o) (U11, AO) | Gemeinsamer Markt (EG) |
| mercado (o) (U2, PG VI) | Markt |
| mercearia (bras.: tendinha) (a) (U11, AO) | "Tante Emma Laden" |
| merece realce (U3, AL) | soll hervorgehoben werden |
| meridional (U4, AO) | südlich |
| mesa (a) (U2, PG VII) | Tisch |
| mesmo (U4, PG IC) | sogar |
| mesmo ao lado (U1, PG VA) | unmittelbar daneben |
| mesmo/nem que (U6, PG IB) | selbst wenn |
| mestiço (= mulato) (o) (U8, PG XII) | Mulatte |
| metade (a) (U1, PG VII) | Hälfte |
| metais (os) (sing.: o metal) (U9, AO) | Metalle |
| metálico (U7, AL) | metallisch, Metall- |
| meteorologista (o/a) (U4, TC) | Metereologe |
| meter conversa (U3, AO) | ein Gespräch (spontan) anfangen |
| MFA (o) (U8, AO/AL) | Gruppe von Militärs, die die Revolution anführte |
| | |
| milénio (o) (U9, AE II) | Jahrtausend |
| milhares de pessoas (os) (U6, TC) | Tausende von Menschen |
| milho (o) (U2, AO) | Mais |
| mimosas (as) (Introd., AO) | Mimosen |
| mina de ouro (a) (U7, AO) | Goldmine |
| mineiro (o) (U7, AO) | aus Minas Gerais; auch: Bergmann |
| minério (o) (U2, AL) | Erz |
| Ministro das Finanças (o) (U8, AO/AL) | Finanzminister |
| miolo de figueira (o) (U4, TC) | Feigenmark |
| misterioso (U1, AL) | mysteriös, geheimnisvoll |
| mistura de crenças (a) (U6, TC) | Glaubensgemisch |
| mistura de várias doutrinas (a) (U6, TC) | Mischung aus verschiedenen Glaubens-lehren |
| | |
| misturado com certos elementos (U6, PG VI) | gemischt mit bestimmten Elementen |
| misturando (U5, TC) | indem man (alles) untermischt |
| misture (Imp. v. misturar) (U5, AO) | mischen Sie ... unter (Sg.) |
| Mitologia (a) (U9, PG X) | Mythologie |
| moa (Imperativ v. moer) (U5, AO) | mahlen Sie (Sg.) |
| moça (a) (U6, PG VII) | Mädchen |
| moçambicano (U10, AO) | aus Mosambik |
| modelo (o) (U4, PG VII) | Modell |

| | |
|---|---|
| modernização (a) (U11, AL) | Modernisierung |
| moderno (U7, AO) | modern |
| modificar (U7, AL) | (ver)ändern; hier: schwanken |
| modo (o) (U1, TC) | Art, Weise |
| modo de comunhão (o) (U6, AL) | eine Art von Verbindung |
| modo de preparação (o) (U5, AO) | Zubereitung (-sart) |
| moer (U7, PG VIII) | mahlen |
| moído (U5, AO) | gemahlen |
| monarca (o) (U9, AL) | Monarch |
| monarquia absoluta (a) (U9, AL) | Absolutismus |
| Monchique (Introd., AO) | Gebirge an der Algarve |
| Mondego (o) (U3, AO) | Mondego (Fluß, der in Figueira mündet) |
| montado no seu cavalo (U3, AL) | auf seinem Pferd |
| montagem de automóveis (a) (U2, AL) | Automontage |
| montanha (a) (U2, AO) | Berg |
| montanhoso (U2, AO) | gebirgig |
| montar (U3, AL) | reiten |
| monumento fabuloso (o) (U9, AL) | großartiges/prachtvolles Denkmal |
| moqueca (a) (U6, TC) | Fisch- oder Meeresfrüchtegericht (mit Kokosmilch) aus Bahia |
| moradia (a) (U11, AO) | Haus, Bungalow |
| morrer (U6, PG VII) | sterben |
| morte (a) (U4, AE I) | wörtl.: Tod; hier: Tote(n) |
| morto (o) (U8, Ao/Al) | Tote(r) |
| motivo (o) (U9, PG X) | Motiv |
| mouro/mourisco (U1, AO) | maurisch |
| mouros (os) (U3, TC) | Mauren |
| móvel (o) (U2, AO) | Möbel |
| mudança climática (a) (U7, AL) | Klimaveränderung |
| mudar (Introd., AO) | ändern, verändern |
| mudar de casa (U11, AO) | umziehen |
| mudar de quarto (U1, AO) | das Schlafzimmer wechseln, umziehen |
| muitas vezes (U3, PG IB) | oft |
| mulato (o) (U12, AO) | Mulatte |
| mundo (o) (U6, TC) | Welt |
| músculo (o) (U6, AO) | Muskel |
| música (a) (U6, AO) | Musik |
| música folclórica (a) (U6, PG VI) | Volksmusik |
| música negra (a) (U6, PG VI) | schwarze Musik |
| mutilado (o) (U8, Ao/Al) | Krüppel, Invalider |
| na falta (U5, AO) | hier: notfalls |
| na frente (U6, AO) | ganz vorne |
| na hora da despedida (U3, AO) | in der Stunde des Abschieds |
| na impossibilidade de te visitar (U12, AL) | weil es mir unmöglich ist, Dich zu besuchen |
| na medida em que (U8, AO/AL) | hier: weil; auch: in dem Maß, daß |
| na nossa frente (U6, AO) | vor uns |
| na realidade (Ap., I) | in der Tat |
| na roça (port.: no campo) (U6, PG VII) | auf dem Land |
| nação (a) (U8, AO/AL) | Nation |

| | |
|---|---|
| nacionalidade (a) (U10, AE II) | Nationalität |
| nada a faz sorrir (U1, AO) | nichts bringt sie zum Lachen |
| nada de novo (U6, PG IA) | nichts Neues |
| nada lhe restituía (U1, AO) | nichts gab ihr ... zurück |
| não diga nada (U5, PG IB) | sagen Sie nichts (Sg.) |
| não digam nada (U5, PG IB) | sagen Sie nichts (Pl.) |
| não digas nada (U5, PG IB) | sag(e) nichts |
| não duvide (U6, AO) | hier: ohne Zweifel; wörtl.: zweifeln Sie nicht daran |
| não estou para ir a pé (U9, PG II) | ich habe keine Lust, zu Fuß zu gehen |
| não é de admirar que (U6, AO) | kein Wunder, daß |
| não faz mal (U11, TC) | das/es macht nichts |
| não fazer diferença (U12, PG IV) | nichts machen, kein Problem sein |
| não fosse a memória deixá-lo mal (U9, AO) | für den Fall, daß sein Gedächtnis ihn im Stich lassen würde |
| não me digas (U5, AO) | sag(e) mir nicht |
| não se deve (U5, AO) | man soll nicht |
| não se poderá (U4, TC) | wird man nicht können, hier: kann man nicht |
| não serve de nada (U3, AO) | es hat keinen Sinn; es bringt nichts |
| não te esqueças (U5, AO) | vergiß nicht |
| não te preocupes com (U5, AO) | kümmere dich nicht um |
| não tem importância (Introd., AO) | es macht nichts, das spielt keine Rolle |
| não tendo coco, deixe ... (U5, AO | sollten Sie keine Kokosnuß haben, lassen Sie ... |
| naquela época (U1, AO) | zu jener Zeit |
| naquele tempo (U1, PG IB) | zu jener Zeit, damals |
| narração (a) (U1, PG IB) | Erzählung |
| nasceu (U3, AO) | ist geboren; hier: ist entstanden |
| nascido em (U7, AO) | geboren in |
| natural (U2, AO) | natürlich |
| natural de Guimarães (U2, AO) | gebürtig aus Guimarães |
| naturalista (U9, PG X) | naturalistisch |
| Natureza(= natureza) (a) (U1, AO) | Natur |
| nau (a) (U1, AL) | Schiff |
| navegação (a) (U9, PG X) | Navigation |
| navegador (o) (U1, AL) | Seefahrer |
| né? (bras.) (= não é?) (U6, AO) | nicht wahr? (Umgangssprache) |
| necessário (U6, PG IB) | nötig |
| negar (U6, PG IB) | verneinen, leugnen, bestreiten |
| negativa (a) (U5, PG IA) | Verneinung |
| negócio (o) (U7, PG IC) | Geschäft |
| negro (o) (U8, PG XII) | Farbige(r), Schwarze(r) |
| nem mais, nem menos (U9, AO) | nicht mehr und nicht weniger |
| nem por sonhos (U11, AO) | wörtl.: nicht einmal im Traum; hier: unmöglich |
| nem que seja só por duas semanas (U6, AO) | auch wenn es nur für zwei Wochen sein soll/wird |
| nem sempre (U4, PG II) | nicht immer |
| nem vale a pena (U4, AO) | es lohnt sich nicht einmal |

| | |
|---|---|
| nenhum/nenhuma (U7, PG III) | kein, -e |
| nessa altura (Introd., PG IB) | zu dieser Zeit, damals |
| nesse momento (U1, PG II) | in diesem Moment |
| nevar outra vez (U10, PG IV) | nochmals schneien |
| neve (a) (U1, AO) | Schnee |
| ninguém (U7, PG III) | niemand |
| níquel (o) (U7, AL) | Nickel |
| nível (o) (U3, AL) | Ebene, Basis; auch: Niveau |
| nível maternal (o) (bras.) (U10, AL) | eine Art Kinderkrippe |
| Nordeste (o) (U2, AO) | Nordosten |
| Nossa Senhora! (U12, AO) | Heilige Mutter! |
| no entanto (U2, PG IC) | trotzdem; jedoch |
| no final (U6, AO) | am Ende |
| no fundo (U10, TC) | schließlich; doch; eigentlich |
| no fundo da Selva (U7, TC) | im tiefen Wald (dichten Wald) |
| no início (U2, TC) | am Anfang |
| no lugar de (U1, AL) | anstelle, an der Stelle von |
| no máximo (U11, AO) | maximal, höchstens |
| no meio (U4, TC) | in der Mitte |
| no seio da pobreza (U3, AO) | im Milieu der Armut |
| no sentido do desenvolvimento (U2, TC) | in Richtung wirtschaftliche Entwicklung |
| no tocante a (U2, AL) | betreffend, in Bezug auf |
| no topo de (U7, AO) | ganz oben (auf) |
| nobre (U1, AO) | edel, edelmütig |
| noção (a) (Introd., PG IB) | Ahnung, Vorstellung |
| noite quente (a) (U6, AO) | warme Nacht |
| noivo/a (o/a) (U6, PG VII) | Bräutigam/Braut |
| nomeadamente (U2, PG IC) | nämlich |
| nomear (U8, AO/AL) | ernennen |
| noroeste (U1, TC) | nordwestlich |
| Norte (o) (U1, AO) | Norden |
| nota explicativa (a) (U5, PG IA) | Anmerkung, Merke |
| notar (Introd., AE) | merken, bemerken |
| notícias (as) (U12, AL) | Nachrichten |
| noutro (< em + outro) (U4, AO) | in einem anderen |
| novamente (U1, AO) | wieder |
| novelo (o) (U8, Titel, 1. Seite) | wörtl.: Knäuel |
| noz (a) (U7, AL) | Nuß |
| numeroso (U1, TC) | zahlreich |
| Nunca tinha pensado nisso(U2, Titel) | Ich hatte nie daran gedacht |
| nunca caberá na minha cabeça (U4, AO) | wörtlich: ... wird nie in meinen Kopf hineinpassen; ich werde es nie verstehen |
| O que havia de te acontecer! (U9, PG II) | Daß dir auch noch das passieren mußte! |
| o avião está para partir (U9, PG II) | das Flugzeug wird bald starten |
| o mesmo (U4, AO) | derselbe |
| o mesmo/a mesma (U3, PG VIII) | der/die gleiche |
| o Paulo também não gosta de ...(U11, AO) | Sie mögen auch nicht ... (die Anrede mit dem Vor- oder Nachnamen anstatt você/o senhor/a senhora ist allgemein üblich) |
| o próprio Afonso (U9, AO) | selbst Afonso |

| | |
|---|---|
| o que se passa? (U4, AO) | was ist los? |
| o rei mal podia acreditar (U1, AO) | der König konnte kaum glauben |
| o seguinte (U10, AO) | folgendes |
| o/a qual; os/as quais (U9, PG IIIA) | der, welcher/die, welche; die, welche |
| obedecer à ordem de paragem (U12, AL) | die Aufforderung zum Halten befolgen |
| objetivo (o) (U2, TC) | Ziel |
| objeto (o) (U9, PG IIIB) | Gegenstand |
| obrigado a trabalhar (U6, TC) | zur Arbeit gezwungen |
| obrigar (U9, PG IC) | wörtl.: zwingen; hier: verlangen |
| observe (Imperativ v. observar) (U5, PG IIA) | beachten Sie, beobachten Sie (Sg.) |
| obstáculo (o) (U1, PG VI) | Hindernis |
| obter (U4, PG II) | erhalten |
| óbvio (U10, PG IA) | klar, natürlich |
| oca (a) (U7, TC) | Hütte der Indios |
| Oceano Atlântico (o) (U1, TC) | Atlantischer Ozean |
| ocidental (U8, TC) | westlich |
| ocidente (o) (U4, AO) | Westen |
| ocorrer (U9, PG VII) | sich ereignen |
| ocupado (U5, PG IC) | besetzt |
| ocupar (U1, AE I) | besetzen; auch: nehmen, einnehmen |
| ocupar um lugar de destaque (U2, AO) | eine wichtige Rolle spielen, einen wichtigen Platz einnehmen |
| ocupar o trono (U9, AL) | den Thron besetzen |
| ocupar posição de relevo (U2, AL) | sich hervorheben; hier: eine wichtige Rolle spielen |
| odiar (U4, AO) | hassen |
| oeste (o) (U7, AL) | Westen |
| oferecer (U3, AO) | schenken, anbieten |
| oferta (a) (U11, AO) | Angebot |
| oficial (U8, TC) | offiziell |
| oficialmente (U8, AO/AL) | offiziell (Adverb) |
| óleo de palma (o) (U8, TC) | Palmöl |
| óleo para fritar (o) (U5, AO) | Öl zum Braten |
| olha, espera = olhe(m), espere(m) (U6, AO) | wörtl.: schau mal; hier: Moment |
| olhar (U6, AO) | anschauen |
| olhe (Introd., AO) | schauen Sie; hier: sagen Sie mal |
| olhem (U3, AO) | Schauen Sie! (Pl.) |
| oliveira (a) (U2, AO) | Olivenbaum |
| operação stop (a) (U12, TC) | Verkehrskontrolle |
| opinião pessoal (a) (U7, PG V) | persönliche Meinung |
| opor-se (Introd., PG II) | sich widersetzen, entgegentreten |
| oportunidade (a) (U3, AO) | Gelegenheit |
| oposição (a) (U8, AO/AL) | Opposition |
| oprimido (U8, AO/AL) | unterdrückt |
| optar (U4, PG II) | wählen, entscheiden |
| ora bem = bom (U2, AO) | also, ... |
| ordem (a) (U1, AO) | Ordnung, Reihe; hier: Art |
| ordem (a) (U6, PG IB) | hier: Befehl |
| orgânico (U1, AO) | organisch |

| | |
|---|---|
| organização existente (a) (U9, AL) | die derzeitige Struktur des Staates |
| organizar (U9, AO) | organisieren |
| orgulhosamente (U8, AO/AL) | stolz (Adverb) |
| orgulhoso (U1, PG VI) | stolz |
| orientação (a) (U11, AO) | Orientierung |
| oriental (U8, TC) | östlich |
| origem (a) (U3, AO) | Ursprung |
| original (U5, AO) | original; auch: originell |
| originalmente (U6, TC) | ursprünglich |
| orixá (o) (= deus) (U6, TC) | Gottheit aus der Religion der Iorubas (schwarzer Volksstamm) |
| orquídea (a) (U4, AL) | Orchidee |
| osso (o) (U4, TC) | Knochen |
| ou melhor (U1, TC) | oder besser, d. h. besser gesagt |
| ou seja (U6, TC) | das heißt |
| outrem (U7, PG III) | jemand anders |
| outro exemplo (U1, PG IB) | anderes Beispiel |
| ouvia (Imp. v. ouvir) (U1, AO) | hörte |
| ouvir (U1, AO) | hören |
| ovelha (a) (U2, AL) | Schaf |
| ovos moles (os) (U3, AO) | port. Süßspeise aus Eiern und Zucker |
| pacote (o) (U12, TC) | Tüte, Päckchen |
| padre (o) (U6, PG VII) | Pfarrer |
| pagão (U3, TC) | heidnisch |
| página (a) (Introd., 1. Seite) | Seite |
| pago (Partizip v. pagar) (U2, PG IIA) | bezahlt |
| pai-de-santo/mãe-de-santo (o/a) (U6, AL) | Priester/-in afro-brasilianischer Kulte |
| paisagem (a) (Introd., PG II) | Landschaft |
| paisagístico (U2, AL) | landschaftlich |
| país (o) (U2, AO) | Land |
| paixão (a) (U3, AO) | Leidenschaft |
| palacete (o) (U7, AO) | Villa, sehr schönes Haus |
| palácio (o) (U1, AO) | Palast |
| palco da sala de espetáculo (o) (U10, TC) | Bühne des Saales |
| palha (a) (U6, PG VII) | Stroh |
| palmeira (a) (U6, AO) | Palme |
| pano de fundo (o) (Introd., PG II) | Hintergrund |
| Pantanal (o) (U7, AO) | Sumpfgebiet |
| pão torrado (o) (U5, PG IV) | geröstetes Brot, Toastbrot |
| papagaio (o) (U7, TC) | Papagei |
| papaia (a) (bras.:o mamão) (U4, AL) | Papaya |
| papelinho (o) (U4, AO) | kleiner Zettel |
| para a próxima (U4, PG IV) | nächstes Mal |
| para cada verbo (U1, PG VB) | mit jedem Verbum/pro Verb |
| para mim (Introd., AO) | für mich; hier: was mich betrifft |
| para o ano (U6, AO) | nächstes Jahr |
| para que (U6, PG IB) | damit |
| para variar (U3, PG IIB) | zur Abwechslung |
| paragem do autocarro (a) (U3, PG V) | Bushaltestelle |
| parágrafo (o) (U1, AE I) | Abschnitt; auch: Paragraph |

| | |
|---|---|
| paraíso (o) (U11, AO) | Paradies |
| paralelamente (U11, AL) | neben |
| paralelo (o) (U8, PG VIII) | Übereinstimmung |
| parâmetros (os) (U8, AO/AL) | Richtlinien |
| parar de (U1, PG II) | aufhören |
| parcelamento (o) (U2, TC) | Aufteilung |
| parecer (U1, AO) | scheinen |
| parecia (Imp. v. parecer) (U1, AO) | schien |
| parede (a) (U10, AO) | Wand |
| parisiense (U10, TC) | aus Paris |
| parlamento (o) (U4, AL) | Parlament |
| parque nacional (o) (U7, AO) | Nationalpark |
| parte (a) (U1, AO) | Teil |
| parte teórica (a) (U10, AO) | theoretischer Teil |
| participar (U3, AO) | teilnehmen; auch: bekanntgeben |
| particípio passado (o) (U2, PG IB) | Partizip der Vergangenheit |
| particular (U8, PG IV) | besonders; auch: persönlich, privat |
| partidário de D. Teresa (o) (U9, AO) | Anhänger von D. Teresa |
| partido (o) (U8, AO/AL) | Partei |
| partido (U5, AE III) | hier: in Stückchen; auch: zerbrochen |
| passado (Introd., PG II) | vergangen |
| passado (o) (Introd., PG II) | Vergangenheit |
| passador de droga (o) (U12, TC) | Drogendealer |
| passageiro (o) (U4, AO) | Flug-, Fahrgast |
| passageiro (U3, AO) | vorübergehend |
| passagem (a) (U6, AO) | Vorbeiziehen, Durchzug |
| passagem do discurso direto ... (U10, PG IA) | hier: Umsetzung von der direkten (in die indirekte) Rede |
| passar (Introd., AE) | verbringen; auch: vergehen, vorbeigehen |
| passar a ser (U7, AO) | werden |
| passar a usar camisetas (U7, TC) | beginnen, T-shirts zu tragen |
| passar para o plural (U10, PG II) | in den Plural setzen |
| pássaro (o) (U1, TC) | Vogel |
| passatempo(s) (o/os) (U10, 1. Seite) | Freizeit, Hobby |
| passavam (Imp. v. passar) (U1, AO) | vergingen |
| passeio (o) (PG IV) | hier: Spaziergang |
| passiva pronominal (a) (U11, PG IC) | Passiv mit dem Pronomen "se" |
| passo (o) (U2, TC) | Schritt |
| passou a acontecer só nos clubes (U6, AO) | hier: findet nur in den Clubs statt |
| pasta das Finanças (a) (U9, AL) | Amt des Finanzministers |
| pastagem (a) (U2, AL) | Weide |
| pastelão (o) (U6, AO) | bras. Gericht (in der Backröhre gebakkener und mit Fleisch und Gemüse gefüllter Mehlteig) |
| pasto (o) (U2, AL) | Weide |
| pastor (o) (U7, PG VIII) | Schäfer |
| patinar (Introd., PG IB) | Roll- oder Schlittschuh laufen |
| pátio da quinta (o) (U9, AO) | Hof des Landhauses |
| patrão (o) (U11, AO) | Besitzer oder Chef eines Geschäftes |
| patriota (o) (U9, AL) | Patriot |

| | |
|---|---|
| Patusco (o) (Ap., I) | "Putzig" - häufiger Name für einen Hund |
| pau-brasil (o) (U7, AO) | Brasilholz |
| pavor (o) (U3, TC) | Furcht |
| paz (a) (U6, AL) | Frieden |
| peça (a) (U10, TC) | Stück; Theaterstück |
| pecuária (a) (U4, AL) | Viehzucht |
| PEDAP (o) (U11, AO) | Abkürzung für ein Programm der EG - Spezielles Programm für die Entwicklung der portugiesischen Landwirtschaft |
| pedido (o) (U1, PG IB) | Bitte |
| peixe seco (o) (U5, TC) | getrockneter Fisch |
| peixe-espada (o) (U4, AL) | Degenfisch |
| peixes variados (os) (U5, AL) | verschiedene Fischsorten |
| pela ordem que apareceram (U5, PG VI) | der Reihe nach wie sie vorkamen |
| pela primeira vez (U1, AO) | zum ersten Mal |
| pelo menos (U11, AO) | wenigstens |
| pelos vistos estamos fartos da cidade (U10, AO) | es sieht so aus, als ob wir genug vom Leben in der Stadt haben |
| pena (a) (U7, TC) | hier: Feder |
| penca (a) (U6, PG VII) | eine Kette mit verschiedenen Anhängern, deren Ursprung in der Sklaverei zu finden ist |
| pendurar (U6, PG VII) | (an-)hängen |
| Península Ibérica (a) (U3, TC) | Iberische Halbinsel |
| pensamento (o) (U4, AO) | Gedanken; hier: Erinnerung, Gedächtnis |
| pensavam (Imp. v. pensar) (U1, TC) | dachten |
| pente (o) (U6, AL) | Kamm |
| pequenina (< pequena + inha) (U11, AL) | klein, sehr klein |
| perante (U1, AO) | vor, angesichts |
| perante a admiração de todos (U1, AO) | zur Verwunderung aller |
| perante a lei (U12, PG V) | vor dem Gesetz |
| perante o espanto (U1, AO) | zum Erstaunen (aller) |
| percentagem (a) (U4, TC) | Prozentsatz |
| perda (a) (U8, Ao/Al) | Verlust |
| perder (U2, PG VII) | verlieren, versäumen |
| perder de vista (U12, AL) | aus den Augen verlieren |
| perder o ferry-boat (U12, AE III) | die Fähre verpassen |
| perfeitamente (U6, AO) | sehr gut, genau; wörtl.: perfekt |
| perfume (o) (Introd., AO) | Parfüm |
| pergunta (a) (U2, AO) | Frage |
| perguntar a si próprio (U4, AO) | sich selber fragen |
| perguntaremos (U4, AO) | wir werden fragen |
| perguntas de interpretação (as)(U1, AE II) | Fragen zum Text |
| período (o) (U8, 1. Seite) | Zeitraum |
| permanecer (U2, PG IIA) | bleiben |
| permitir (Introd., PG II) | erlauben |
| pernoitar (U3, AO) | übernachten |
| Pérola do Oceano (a) (U4, AL) | Perle des Ozeans |
| perseguir (U6, PG VII) | verfolgen |
| personalidade histórica (a) (U9, PG IX) | historische Persönlichkeit |

| | |
|---|---|
| perspectiva diacrónica (a) (U10, AE II) | diachronische Perspektive |
| perto daqui (= aqui perto) (Introd., AO) | hier in der Nähe |
| pés-de-moleque (os) (bras.) (U6, PG VII) | Plättchen aus Erdnuß und Zucker |
| pesar (U12, TC) | wiegen |
| pesca (a) (U2, AO) | Fischerei |
| pescada (a) (U5, AL) | Merlan |
| pescador (o) (U2, PG VI) | Fischer |
| pêssego (o) (U11, TC) | Pfirsich |
| pessoa (a) (U5, PG IB) | Person |
| pessoa indicada (a) (U3, AO) | die richtige Person |
| pessoal (U6, AL) | persönlich (Adjektiv) |
| pessoalmente (U3, AO) | persönlich |
| petróleo (o) (U8, TC) | Erdöl |
| pilantra (= malvado/malandro) (o) (U12, AO) | Verbrecher |
| pimenta malagueta (a) (U5, AO) | afrikanischer Pfeffer |
| pimentão (o) (port.: pimento) (U5, AO) | Paprikaschote |
| pinhal (o) (Introd., PG IB) | Pinienhain |
| pinheiro (o) (U2, AO) | Pinie |
| pintor artístico (o) (U8, Ao/Al) | Kunstmaler |
| piorar (U7, PG V) | verschlimmern |
| pistola (a) (U12, PG VI) | Pistole |
| planície (a) (U3, AL) | Ebene |
| planta (a) (U7, AO) | Pflanze |
| planta comestível (= alimentar) (a) (U7, PG VIC) | eßbare Pflanze |
| plantação (a) (U11, AO) | Plantage |
| plantado (U4, TC) | angelegt, gepflanzt, |
| plantar (U11, AL) | (ein-)pflanzen |
| pobreza (a) (U3, AO) | Armut |
| pode deixar (port.: não se preocupe) (U12, AO) | keine Sorgen |
| pode-se dar o caso de (U10, PG VIII) | es kann auch sein, daß |
| poder (o) (U1, AO) | Herrschaft, Macht; auch: Regierung |
| podiam (Imp. v. poder) (U1, AL) | konnten |
| poeta (o) (U9, PG X) | Dichter |
| põe a mesa(U5, PG IB) | deck den Tisch |
| põe-nos (Imperativ v. pôr) (U5, AO) | stell(e) sie |
| pois = porque (U1, AL) | denn, weil |
| pois é, justamente (Introd., AO) | ja genau; hier: Ach, ja! |
| pois não (U3, PG V) | tatsächlich nicht; in der Tat |
| policial (port.: agente da polícia) (o) (U12, AO) | Polizist |
| política salazarista (a) (U8, AO/AL) | Politik von Salazar |
| poluição (a) (U11, AO) | Umweltverschmutzung |
| poluído (U11, TC) | verschmutzt |
| polvilhe (Imperativ v. polvilhar) (U5, AL) | bestäuben Sie (Sg.) |
| pomar (o) (U10, AO) | Obstgarten |
| ponha (Imperativ v. pôr) (U5, AL) | legen Sie, stellen Sie (Sg.) |
| ponte (a) (U9, AO) | Brücke |

| | |
|---|---|
| ponto (o) (U2, TC) | Punkt |
| ponto de vista (o) (U2, TC) | Gesichtspunkt |
| população (a) (U4, TC) | Bevölkerung |
| por agora (U10, AE I) | für jetzt |
| por causa do irmão (U10, AO) | wegen seines Bruders |
| por cima de/acima de (U12, PG V) | oberhalb (von), über |
| por escrito (U6, PG VII) | schriftlich |
| por esta razão (U5, TC) | aus diesem Grund |
| por excelência (U3, TC) | par excellence, schlechthin |
| por exemplo (U5, AO) | zum Beispiel |
| por falar nisso (U7, AO) | weil wir gerade davon reden |
| por fim (U2, AO) | schließlich |
| por hoje vou terminar (Ap., I) | für heute mache ich Schluß |
| por isso (Introd., 1. Seite) | deswegen |
| por isso mesmo (U5, AO) | wörtl.: genau deswegen; hier: eben! |
| por meio de (U10, AO) | mittels |
| por outro (lado) (U2, AO) | andererseits |
| por palavras suas (U8, AE III) | mit eigenen Worten |
| por parte de (U9, AO) | von der Seite der/des, seitens |
| por questão de cortesia (U1, PG IB) | aus Gründen der Höflichkeit |
| por sua vez (U7, TC) | seinerseits/ihrerseits |
| por um lado (U2, AO) | einerseits |
| por uma questão de clareza (U4, PG II) | aus Gründen der Deutlichkeit |
| por volta das nove (U6, AO) | ungefähr um neun |
| pôr-te a par das notícias (U12, AL) | Dich auf dem Laufenden halten |
| por/em etapas (U9, PG II) | in Etappen |
| porcelana (a) e vidro (o) (U9, AO) | Porzellan und Glas |
| porém (U1, AL) | aber, jedoch, dennoch |
| pormenor (o) (U2, AO) | Einzelheit, Detail |
| porta (a) (U1, PG II) | Tür |
| porta-bandeira (o) (U6, AO) | der (die) Flaggenträger(-in) einer Sambaschule |
| porta-voz (o) (U10, PG II) | Wortführer, Sprecher |
| portanto (U4, TC) | daher, deswegen |
| portaria (a) (U12, AO) | Wachtposten, Pforte |
| porto bacalhoeiro (o) (U3, AO) | durch Stockfischproduktion bekannter Hafen |
| posição (a) (U2, AL) | Stellung |
| posição de relevo (a) (U2, AL) | ein wichtiger Platz |
| positivo (U10, TC) | positiv |
| possessão (a) (U8, AO/AL) | Besitztum; auch: Kolonie |
| possibilidades de emprego (U10, AE III) | Arbeitsmöglichkeiten |
| possível (U1, AO) | möglich |
| possuir (U3, TC) | besitzen; auch: besessen |
| posterior (Introd., PG II) | nachherig, später |
| posto (Partizip v. pôr) (U2, PG IIB) | gestellt, gelegt, gesetzt |
| pouco a pouco (U7, TC) | nach und nach |
| pousada (a) (U7, PG III) | staatliche Hotelanlagen, oft in historischen Gebäuden wie Burgen oder Klöstern untergebracht |

| | |
|---|---|
| povo (o) (U8, AO/AL) | Volk |
| povo indígena (o) (U7, PG VIC) | einheimisches Volk, Eingeborene |
| povoado (o) (U4, PG VII) | Ortschaft |
| povoamento (o) (U3, AL) | Bevölkerung, Besiedlung |
| pó (o) (U7, PG VIII) | Pulver; auch: Staub |
| prado verdejante (o) (U4, AO) | grüne Weide |
| praia (a) (U2, PG VI) | Strand |
| praticamente (U3, AO) | praktisch, so gut wie |
| praticar (U9, AO) | praktizieren |
| prato (o) (= a cozinha) regional (U5, PG III) | einheimische Küche |
| prazer (o) (Ap., 1. Seite) | Vergnügen, Freude, Spaß, Lust |
| pré-alfabetização (a) (bras.) (U10, AL) | Vorstufe in der Schule, vor dem Beginn der Grundschule |
| pré-existente (U9, PG X) | schon vorhanden |
| precisamente (U2, AL) | genau (Adverb) |
| precisamente hoje (U5, AO) | hier: ausgerechnet heute |
| precisava de continuar (U1, PG IB) | er mußte ... fortsetzen |
| preciso (U1, PG IB) | (zeitlich) begrenzt, präzis |
| predileção por (U5, TC) | Vorliebe für |
| prédio (o) (Introd., AO) | Hochhaus, Wohnhaus |
| prender (U2, PG IIB) | festnehmen, fesseln, gefangennehmen |
| preocupação (a) (U1, AE II) | Besorgnis |
| preocupadíssimo (U1, AO) | äußerst besorgt |
| preocupar-se (U7, PG IV) | sich kümmern/Sorgen machen |
| preparação (a) (U5, PG IIB) | Vorbereitung |
| preparar (U2, PG VI) | vorbereiten |
| preparar-se para dar o fora (bras.) (U12, AO) | sich vorbereiten zu fliehen |
| preparativos (os) (U3, AO) | Vorbereitungen |
| prepare um tempero (U5, AO) | bereiten Sie eine Marinade (Sg.) |
| preposição monossilábica (a) (U9, PG IIIB) | einsilbige Präposition |
| presença africana (a) (U6, TC) | afrikanische Präsenz |
| presente (U10, AO) | hier: anwesend; auch: gegenwärtig |
| presente de despedida (o) (Ap., 1. Seite) | Abschiedsgeschenk |
| preservar (U4, PG VII) | bewahren |
| presidência (a) (U8, AO/AL) | Präsidentschaft |
| Presidente do Conselho (o) (U8, AO/AL) | Staatspräsident |
| presidir (U8, AO/AL) | vorsitzen, leiten |
| preso (U8, Ao/Al) | inhaftiert |
| pressupor (U7, PG IC) | voraussetzen |
| prestar homenagem (U6, TC) | ehren |
| pretender (U9, AL) | vorhaben |
| pretérito perfeito composto (o) (U3, PG IA) | zusammengesetzte Form des Perfekts |
| prevalecer (U8, AO/AL) | (vor-)herrschen; überwiegen |
| previsão (a) (U4, PG IC) | Voraussicht |
| previsto (U6, AO) | vorgesehen |
| primeira conjugação (a) (U5, PG IB) | erste Konjugation (Verben auf -ar) |
| princesa (a) (U1, AO) | Prinzessin |

| | |
|---|---|
| (principais) fontes de riqueza (as) (U2, AO) | hier: Reichtum an natürlichen Ressourcen; auch: Hauptbodenschätze |
| principal diferença (a) (U2, AE III) | größter Unterschied |
| principalmente (U1, PG IB) | vor allem |
| príncipe herdeiro (o) (U9, AL) | Erbprinz |
| prisão (a) (U8, Ao/Al) | Gefängnis |
| problema de ordem física (o) (U1, AO) | physisches Problem |
| problemas de habitação (os) (U11, AO) | Probleme bei der Wohnungssuche |
| problemas de sucessão (os) (U9, AL) | Thronfolgeprobleme |
| proceda da mesma maneira (U5, AO) | handeln Sie genauso (Sg.) |
| processo de povoação (o) (U9, AO) | Besiedlungsprozess |
| processo de povoamento (o) (U8, PG XII) | Besiedlungsprozess |
| procissão (a) (U4, PG VII) | Prozession |
| proclamar (U9, AL) | verkünden, erklären |
| proclamar a República (U9, AL) | zur Republik erklären |
| Procura-se casa! Andar para alugar (U11, Titel) | Gesucht: Wohnung/Haus! Wohnung zu vermieten! |
| procura de gente do meu ramo (a) (U10, AO) | Nachfrage nach Leuten meiner Branche |
| procurar (U2, PG VII) | suchen |
| procure no texto (U5, AE I) | wörtl.: suchen Sie im Text; hier: entnehmen Sie dem Text |
| produção nacional (a) (U7, AL) | Gesamtproduktion |
| produto (o) (U2, AO) | Produkt |
| produto de exportação (o) (U3, TC) | Exportprodukt |
| produzir (U2, AO) | produzieren, erzeugen |
| professor (universitário) (o) (U8, AO/AL) | Professor; auch: Dozent |
| profundidade (a) (U7, PG VIIB) | Tiefe |
| profundo (U3, AO) | tief |
| programa (o) (U3, AO) | Programm |
| proibição (a) (U6, PG IB) | Verbot, Untersagung |
| prolongar (U3, PG IB) | fortsetzen, weiterführen |
| promessa (a) (U4, PG IC) | Versprechen |
| pronto (U5, AO) | fertig |
| propagar (U9, AL) | ausbreiten, propagieren |
| propício (U10, AO) | günstig |
| propor (U6, PG IB) | vorschlagen |
| proporcionar (U10, AL) | hier: anbieten; auch: ermöglichen |
| proposta (a) (U6, PG IB) | Vorschlag |
| propriamente dito (U4, AO) | streng genommen; hier: selbst |
| próprio (U1, AO) | eigen |
| prós e contras (os) (U11, 1. Seite) | Vor- und Nachteile |
| proteção (a) (U11, AE I) | Protektion |
| proteger (U7, TC) | (be-)schützen |
| provavelmente (U3, TC) | möglicherweise |
| prove (Imperativ v. provar) (U5, AO) | probieren Sie (Sg.) |
| provisório (U8, AO/AL) | vorläufig, provisorisch |
| provocar descontentamentos (U9, AO) | für Unruhe sorgen |
| PSP = Polícia de Segurança Pública (U12, AL) | wörtl.: Polizei für die Öffentliche Sicherheit |

| | |
|---|---|
| público (o) (U6, AO) | Zuschauer, Publikum |
| pudera! (U2, PG IC) | kein Wunder/logisch! |
| pura e simplesmente banalidades (U10, AO) | ganz einfach Banalitäten |
| purificação (a) (U6, AL) | Reinigung, Purifikation |
| puro (U10, AO) | wörtl.: rein; hier: sauber |
| quadrilha (a) (U6, PG VII) | Quadrille (Kontertanz europäischen Ursprungs, im 19. Jh. in Brasilien eingeführt) |
| quadro geral dos pron. relativos (o) (U9, PG III) | Überblick über die Relativpronomina |
| qualidade (a) (U1, PG VI) | Qualität, Eigenschaft |
| qualidades (as) e defeitos (os) (U1, PG VI) | gute und schlechte Eigenschaften, Stärken und Schwächen |
| qualquer coisa (U3, AE I) | irgend etwas |
| qualquer tipo de vegetação (U4, AO) | irgendeine Art von Vegetation |
| qualquer um/uma (U7, PG III) | jede(r) |
| qualquer; pl.: quaisquer (U7, PG III) | irgendeine(r), jede(r); alle |
| Quando eu for grande (U7, Titel) | Wenn ich groß bin |
| quando (U1, PG IB) | als; wenn; wann |
| quantia de dinheiro (a) (U12, TC) | Geldmenge |
| quantidade (a) (U7, AL) | Menge, Quantität |
| quanto a (U2, AO) | betreffend, in Hinsicht auf |
| quarta-feira de cinzas (a) (U6, AO) | Aschermittwoch |
| quarto virado para o mar (o) (U1, AO) | das Schlafzimmer zum Meer |
| quartzito (o) (U7, AL) | Quartzit |
| quartzo (o) (U7, AO) | Quartz |
| Quebra Costas (o) (U3, AO) | Name einer Steintreppe in Coimbra, die die Unterstadt mit der Oberstadt (Universität) verbindet |
| Queima das Fitas (a) (U3, AO) | jährliches Fest der Studenten, vor allem in Coimbra sehr traditionsreich |
| que (U9, PG IIIA) | der, die, das; die |
| que eu saiba (U11, AO) | sowiel ich weiß |
| que excitante! (U12, 1. Seite) | wie spannend! |
| que por sua vez dá origem a (U4, TC) | die ihrerseits die Grundlage ist für |
| que se tratava de (U1, TC) | daß es sich um ... handelte |
| que simpatia! (U7, AO) | das ist aber nett! |
| que tal essas fotos? (U7, AO) | hier: wie sind die Fotos geworden? |
| quebrar (U3, AO) | brechen, zerbrechen |
| quebrar (U5, AO) | hier: knacken |
| quebre (Imperativ v. quebrar) (U5, AO) | knacken Sie (Sg.) |
| queda (a) (U8, AO/AL) | Sturz |
| queimar (U3, AO) | brennen, verbrennen |
| quem (U9, PG IIIA) | wer; derjenige, der |
| quem me dera! (U2, PG IC) | wie ich mir wünschte! |
| quentão (o) (bras.) (U6, PG VII) | heißes Getränk mit Schnaps |
| quer ... quer (U6, PG IB) | gleich (egal) ob ...; sei es ... sei es |
| queria (Imp. v. querer) (U1, AO) | wollte |
| queriam (Imp. v. querer) (U1, AL) | wollten |

| | |
|---|---|
| questão (a) (U8, Ao/Al) | Frage |
| quilómetro = quilômetro (o) (U7, AL) | Kilometer |
| químico (U2, AO) | chemisch |
| quintal (o) (U11, TC) | Gemüsegarten |
| quis (Perfekt v. querer) (U1, AO) | hat gewollt |
| quotidiano (o) (U1, PG II) | Alltag |
| radicado (U6, AO) | mit festem Wohnsitz (seit langem) |
| rádio (a/o) (U8, AO/AL) | Rundfunk/Radioapparat |
| rainha (a) (U4, PG VII) | Königin |
| rainha santa Isabel (a) (U4, PG VII) | Heilige Isabel, Ehefrau von Dom Dinis, König von Portugal (Ende des 13., Anfang des 14. Jahrhunderts) |
| raio de sol (o) (U6, AO) | Sonnenstrahl |
| raíz (a) (U4, PG VII) | Wurzel; hier: Ursprung |
| ralado (U5, AO) | geraspelt |
| rale (Imperativ v. ralar) (U5, AO) | raspeln Sie (Sg.) |
| raminho (o) (U5, AO) | kleines Bund |
| rapaz (o) (U12, AL) | junger Mann |
| raramente (U2, PG IB) | selten (Adverb) |
| raridade (a) (U3, TC) | Rarität |
| raro (U10, AO) | selten |
| Ratisbona (Ap., I) | Regensburg |
| razão (a) (U1, AO) | Grund, Ursache; auch: Vernunft |
| reação (a) (U7, AE II) | Reaktion |
| reagir em relação a (U3, AE II) | auf etwas reagieren |
| real (U7, PG IC) | real, wirklich |
| realçar (U9, PG II) | hervorheben, betonen |
| realce (o) (U4, AL) | Hervorhebung, Betonung |
| realidade (a) (Introd., PG II) | Wirklichkeit, Tatsache, Realität |
| realização da ação (a) (U7, PG IC) | Erfüllung der Handlung |
| realização do maior desejo (a) (U8, Ao/Al) | Verwirklichung des größten Traums |
| realizar-se (U4, PG VII) | stattfinden |
| realizável (U8, PG IC) | durchführbar |
| realmente (Introd., PG II) | tatsächlich |
| recear (U6, PG IB) | fürchten |
| receber (U6, PG VII) | bekommen, erhalten |
| receio contínuo (o) (U8, Ao/Al) | ständige Angst |
| receita (a) (U5, AO) | Rezept |
| recomendar (U6, PG IB) | empfehlen |
| reconhecer (U4, AO) | erkennen; auch: wiedererkennen |
| reconhecimento (o) (U8, TC) | Anerkennung |
| reconquista (a) (U9, AO) | Wiedereroberung |
| recurso (o) (U4, AL) | Mittel |
| rede (a) (U2, PG VI) | Netz |
| refeição (a) (U5, TC) | Mahlzeit |
| referir-se a (U7, PG IC) | sich beziehen auf |
| refletia (Imp. v. refletir) (U1, AO) | dachte nach |
| refletido (U3, AO) | reflektiert, gespiegelt |
| refletir (U1, AO) | nachdenken; auch: reflektieren |
| reflexão (a) (U1, PG IB) | Reflexion, Nachdenken |

| | |
|---|---|
| reflexivo (U11, PG IC) | reflexiv |
| reforçar (U8, AO/AL) | (ver-)stärken, festigen |
| reforma na instrução (/do ensino) (a) (U9, AL) | Bildungsreform |
| reformado (U1, AL) | in Rente, Rentner |
| refugiar-se (U9, AL) | flüchten, Zuflucht suchen |
| refúgio (o) (U10, AO) | Refugium, Zuflucht |
| regar (U5, AO) | gießen |
| regência (a) (U9, AO) | Regentschaft, Regierung |
| regente (o) (U9, AL) | Regent, Regierender |
| regional (U2, TC) | regional |
| registram-se (= registam-se) (U7, AL) | wird registriert; hier: gibt es |
| regra (a) (U4, PG II) | Regel |
| regressar (U1, AL) | zurückkehren |
| regue com o vinho (U5, AL) | gießen Sie (den) Wein hinzu |
| regular (U1, PG IA) | regelmäßig |
| rei (o) (U1, AO) | König |
| reinado (o) (U9, AL) | Herrschaft |
| reinar (U1, AO) | herrschen |
| reinava (Imp. v. reinar) (U1, AO) | herrschte |
| reino (o) (U3, TC) | Königreich |
| relacionado (U2, 1. Seite) | verknüpft |
| relacionar (U2, 1. Seite) | beziehen auf, verknüpfen mit |
| relatado por (U1, AL) | erzählt von |
| relatar (U1, AL) | erzählen, berichten |
| relativamente (U2, AO) | relativ (Adverb), verhältnismäßig |
| relativamente a (U2, AO) | betreffend |
| relatório (o) (U6, PG IB) | Bericht |
| reler (U8, PG XI) | wieder lesen |
| relevo (o) (U2, AO) | Relief |
| relevo acidentado (o) (U4, AL) | bergiges Land |
| relíquia (a) (U3, TC) | Reliquie, kostbares Andenken |
| render-se (U8, AO/AL) | sich ergeben |
| Reno (o) (U7, PG VIIC) | Rhein |
| repete a frase (U5, PG IB) | wiederhole den Satz |
| repetido (U1, PG IB) | wiederholt |
| repita (Imperativ v. repetir) (U5, AL) | wiederholen Sie (Sg.) |
| repleto de (U7, AO) | ganz voll mit, überfüllt |
| repovoamento florestal (o) (U11, AO) | (Wieder-)aufforstung |
| representação (a) (U10, TC) | Vorstellung |
| representar (U2, TC) | darstellen |
| representativo (U7, TC) | repräsentativ; auch: vertretend |
| repressão (a) (U8, Ao/Al) | Unterdrückung |
| reprimir (U8, AO/AL) | unterdrücken, niederschlagen |
| republicano (U9, AL) | republikanisch |
| República (a) (U8, AO/AL) | Republik |
| requintado (U5, TC) | vollendet, fein |
| reserva (a) (U7, TC) | Reservat |
| reserva florestal (a) (U7, PG VIIA) | Waldbestand |
| reservas de minerais/minérios (as) | Vorrat an Bodenschätzen |

(U7, AL)

| | |
|---|---|
| residente em (U7, AO) | mit Wohnsitz in |
| residir (U7, AO) | wohnen |
| resistência (a) (U8, AO/AL) | Widerstand |
| resolver (U1, AL) | entscheiden |
| resolvido definitivamente (U10, AO) | endgültig entschieden |
| respectivamente (U8, Ao/Al) | beziehungsweise |
| respectivo (U4, PG IA) | entsprechend |
| respeitar (U4, PG II) | respektieren |
| respeito pelas regras de trânsito (o) (U12, TC) | Beachtung der Verkehrsregeln |
| responder (U1, AO) | antworten |
| ressoar (U6, AL) | ertönen; hier: zu hören sein |
| restante (U7, PG IB) | übrig; restlich |
| restar (U5, AO) | übrig bleiben |
| restaurar (U11, AO) | restaurieren |
| restituir (U1, AO) | zurückgeben |
| resto (o) (U2, AO) | Rest |
| resto do dia (o) (U1, PG VII) | Rest des Tages |
| resultado (o) (U6, AO) | Ergebnis |
| resultado do jogo (o) (U6, PG IB) | Ergebnis/Resultat des Spieles |
| resultar (U2, TC) | resultieren, daraus folgen |
| resumo (o) (U1, AE III) | Zusammenfassung |
| retangular (U4, PG VII) | rechteckig |
| retirar-se (U1, AO) | sich entfernen/zurückziehen |
| retornar (U11, AO) | zurückkehren |
| retorno (o) (U2, TC) | Rückkehr |
| reunião (a) (Introd., PG IB) | Versammlung, Sitzung |
| reunido (U1, AO) | versammelt |
| reverso da medalha (o) (U11, AO) | die Kehrseite der Medaille |
| revisão (a) (Introd., 1. Seite) | Wiederholung |
| revista portuguesa (a) (U10, AO) | port. "Revue" |
| revolta militar (a) (U8, AO/AL) | Militärrevolte |
| revoltar-se contra (U8, AO/AL) | sich wehren gegen |
| revolução (a) (U8, AO/AL) | Revolution |
| rezar (U6, AL) | beten |
| ria (a) (U3, AO) | Haff, Wattenmeer |
| rio (o) (U1, PG VI) | Fluß |
| riqueza (a) (U1, AL) | Reichtum |
| risco de perseguição (o) (U8, Ao/Al) | Risiko, verfolgt zu werden |
| ritmo (o) (U6, AO) | Rhythmus |
| rito (o) (U6, TC) | Ritus |
| ritual (o) (U5, AO) | Ritual |
| robalo (o) (U5, AL) | Seebarsch |
| rochedo (o) (U4, AO) | Felsen |
| rogar (U6, PG IB) | anflehen, bitten |
| romano (U9, 1. Seite) | römisch |
| romântico (U3, AO) | romantisch |
| rosa (a) (U4, AL) | Rose |
| roseira (a) (U10, PG III) | Rosenstock |

| | |
|---|---|
| rota (a) U4, TC) | Strecke, Route |
| roubado (U9, PG IIIB) | gestohlen |
| roubar (U12, AO) | stehlen, einbrechen |
| roubo (o) (U12, AO) | hier: Beute; auch: Diebstahl, Überfall |
| rouco (U6, AO) | heiser |
| roupa cheia de remendos (a) (U6, PG VII) | zerlumpte Kleidung |
| rudimentar (U9, AO) | rudimentär |
| ruivo (o) (U5, AL) | Knurrhahn |
| saber melhor (U10, AO) | hier: besser schmecken |
| sabia (Imp. v. saber) (U1, AO) | ich wußte |
| sabia? (Imp. v. saber) (Introd., AO) | wußten Sie? |
| sábio (o) (U1, AO) | Weiser, Gelehrter |
| sabor picante (o) (U5, TC) | scharfer Geschmack |
| saboroso (U5, TC) | schmackhaft |
| sacrifício (o) (U5, PG IIB) | Opfer |
| safra de fumo (a) (= o tabaco) (U7, AL) | Tabakernte, -anbau |
| sair (U1, AE I) | hinaus-/aus-/weggehen |
| sal (o) (U5, AO) | Salz |
| sal-gema (o) (U7, AL) | Steinsalz |
| sala de aula (a) (U7, PG III) | Klassenzimmer |
| sala de leitura e de estudo (a) (U10, AO) | Leseraum (auch zum Lernen) |
| salão (o) (U1, AO) | Salon, großes Zimmer |
| salientar (U2, AO) | hervorheben |
| salsa (a) (U5, AL) | Petersilie |
| salto (o) (Introd., PG II) | Sprung |
| salvar (U2, PG IIB) | retten |
| samba (o) (U6, AO) | bras. Samba |
| sambar (U6, AO) | Samba tanzen |
| sambódromo (o) (U6, AO) | Strecke auf der die Faschingsumzüge in Rio entlangziehen |
| sangue (o) (U8, AO/AL) | Blut |
| santo (o) (U1, PG VII) | Heilige(r) |
| São Martinho (U1, PG VII) | St. Martin |
| são divulgados (U6, AO) | werden veröffentlicht (Passiv) |
| sarampo (o) (U7, TC) | Masern |
| sargo (o) (U5, AL) | Seebarbe, -brasse |
| satisfação (a) (U8, Ao/Al) | Zufriedenheit, Freude |
| satisfeito (U6, AO) | zufrieden |
| se alegrava (U1, AO) | freute sich |
| se bem que (U12, AL) | obwohl |
| se calhar (U11, AL) | vielleicht |
| se não fica (/ficar) boa (U5, AO) | wenn es (wörtl.: sie) nicht gut wird |
| se necessário (U5, AO) | wenn nötig |
| se nós formos a Cabo Verde (U7, AO) | Wenn wir nach Kap Verde fliegen |
| se pudermos, vamos, senão (U7, AO) | wenn es geht, fliegen wir, sonst ... |
| seca (a) (U8, TC) | Trockenperiode |
| seção (a) (= secção) (U1, PG IB) | Abteilung |
| seção/secção de informações (a) (U1, PG IB) | Auskunftsstelle |
| secar (U2, PG IIB) | trocknen |

| | |
|---|---|
| século (o) (Introd., PG IB) | wörtlich: Jahrhundert; hier: lange Zeit |
| século XV (o) (U1, TC) | 15. Jahrhundert |
| secundário (Introd., PG II) | sekundär |
| segredo (o) (U1, AO) | Geheimnis |
| seguido por inúmeros sambistas (U6, AO) | gefolgt von unzähligen Sambatänzern und -tänzerinnen |
| seguinte (Introd., 1. Seite) | folgend |
| seguir (U2, AO) | weiter machen, fortsetzen; folgen |
| seguir um rumo (U10, AL) | eine Richtung einschlagen |
| segundo a lenda (U1, AL) | der Legende/Sage nach |
| segundo as instruções (U4, PG IV) | den Anweisungen nach |
| segundo parece (U1, TC) | es scheint, angeblich |
| segundo uma técnica árabe (U3, TC) | auf arabische Art |
| segundo/com a condição de que (U6, PG IB) | wie; je nachdem, wie |
| segurar (U2, PG IIB) | festhalten, halten |
| seja (Konjunktiv Präsens v. ser) | sei |
| selecionado (U10, AL) | ausgewählt, selektiert |
| sem a mínima preocupação (U4, PG VII) | ohne Berücksichtigung (wörtl.: ohne die geringste Rücksichtnahme) |
| sem dúvida (U2, TC) | ohne Zweifel |
| semelhante (U11, PG II) | ähnlich |
| semicírculo (o) (U6, AL) | Halbkreis |
| semipreciosas (pedras) (U7, AO) | Halbedelsteine |
| senão (U4, PG II) | sonst |
| sendo assim (U6, AO) | hier: wenn ja; wörtl.: "so seiend" |
| sendo, por isso, o resultado da fusão (U6, TC) | und ist daher das Resultat der Verschmelzung/des Zusammenschlusses |
| senha (a) (U8, AO/AL) | hier: Zeichen; auch: Losungswort |
| sensação (a) (U4, AO) | Gefühl, Sensation |
| sentar(-se) (U6, AO) | (sich) hinsetzen |
| sentia (Imp. v. sentir) (U1, AO) | fühlte |
| sentido (o) (U2, TC) | Richtung; auch: Sinn |
| sentido negativo (o) (U4, PG IV) | negativer Sinn; hier: in der Verneinung |
| sentimento (o) (U6, PG IB) | Gefühl |
| sentir (U1, AO) | fühlen |
| sentir a falta de alguém (U3, PG IV) | jemanden vermissen |
| separadamente (U5, AO) | separat, extra |
| separar (U4, PG II) | durchtrenen, trennen |
| Será verdade? (U4, Titel) | Ist es wahr? |
| ser atingido de raspão (por um carro) (U12, AL) | von einem Auto gestreift werden |
| ser beneficiado = beneficiar (U11, AO) | profitieren |
| ser capaz de fazer ... (U5, AO) | fähig sein, (etwas) zu tun |
| ser próprio (U4, AE III) | üblich/charakteristisch sein |
| será(Futur v. ser) (U4, 1. Seite) | wird sein; hier: ist |
| será curioso frisar (U4, TC) | hier: es ist interessant zu erwähnen |
| serão (U4, TC) | werden sein; hier: sind |
| serenata (a) (U3, AO) | Serenade |
| série (a) (U10, AL) | wörtl.: Serie |

| | |
|---|---|
| série televisiva diária (a) (U10, PG VIII) | tägliche Fernsehserie |
| serra (a) (Introd., AO) | Gebirge |
| serviço (o) (U12, AO) | Dienst |
| serviço de vigilância (o) (U12, AL) | Streifendienst |
| serviços hospitalares (os) (U8, Ao/Al) | medizinische Versorgung/Dienste |
| servir (U2, PG IB) | dienen (zu); auch: servieren |
| servir de (Introd., PG II) | dienen als; auch: passen, gut sein für |
| seu (bras.) = senhor (U12, AO) | Herr |
| Sé Velha (a) (U3, AO) | alter Dom |
| série televisiva (a) (U2, PG VII) | Fernsehserie |
| sê sincero (U5, PG IB) | sei ehrlich |
| significado (o) (U8, Ao/Al) | Bedeutung |
| significar (U3, AO) | bedeuten |
| silêncio (o) (U3, AO) | Ruhe |
| silvicultura (a) (U2, AO) | Forstwirtschaft |
| simbólico (U6, PG VII) | symbolisch |
| símbolo (o) (U6, PG VII) | Symbol |
| simples (U1, PG VI) | einfach |
| simplesmente (U1, PG IB) | nur, einfach |
| simultaneamente (U6, TC) | gleichzeitig (Adverb) |
| simultâneo (U1, PG IB) | gleichzeitig |
| sinceramente (U2, AO) | herrlich, herrlich gesagt |
| sindical (U8, Ao/Al) | gewerkschaftlich |
| sinónimo (o) (U1, AE I) | Synonym, bedeutungsgleiches Wort |
| sinto muito (U6, PG IB) | es tut mir leid |
| sirva com arroz branco (U5, AO) | servieren Sie mit Reis (Sg.) |
| sismo (o) (U4, AO) | Beben |
| sistema (o) (U9, PG VIII) | System |
| sistema educativo/educacional (o) (U10, AL) | Schulsystem |
| sítio (o) (U11, AL) | Ort |
| situação (a) (Introd., 1. Seite) | Situation |
| situação escolar (a) (U10, PG VII) | Lage/Situation der Schule (als System) |
| situado no tempo (U1, PG IB) | zeitlich festgelegt |
| situar-se (U2, AO) | sich befinden |
| soar (U3, AO) | (er)tönen |
| sob detenção prisional (U12, TC) | in Untersuchungshaft |
| sob determinadas condições (U12, PG IB) | unter bestimmten Bedingungen |
| sob este aspecto (= sob este aspeto) (U3, AO) | unter diesem Gesichtspunkt |
| sob o aspecto/aspeto agrícola (U3, AL) | unter landwirtschaftlichen Aspekten |
| sob o nome de santos cristãos (U6, TC) | unter den Namen christlicher Heiliger |
| sob o poder mourisco (U1, AO) | unter maurischer Herrschaft |
| sob o ponto de vista emigratório (U2, TC) | unter dem Gesichtspunkt Emigration |
| sobem (v. subir) (U3, AO) | Sie gehen (steigen) hinauf |
| sobre (U2, AO) | über |
| sobre a vida (U1, AO) | über das Leben |
| sobreiro (o) (U3, AL) | Korkeiche |
| sobressaltado (U12, AO) | erschreckt, aufgeschreckt |

| | |
|---|---|
| sobretudo (U2, AO) | vor allem |
| sobreviver (U6, TC) | überleben |
| sobreviver à passagem dos séculos (U6, TC) | Jahrhunderte überleben |
| social (U8, AO/AL) | sozial |
| socialista (U8, AO/AL) | sozialistisch |
| sociedade (a) (U9, AL) | Gesellschaft |
| sociocultural (U8, PG VIII) | soziokulturell |
| sofrer (U1, TC) | leiden |
| sofrer alteração (U1, TC) | sich verändern |
| sofrer influências (U5, AO) | beeinflußt werden |
| soja (a) (U7, AL) | Soja |
| soldado (o) (U8, AO/AL) | Soldat |
| solidão (a) (U1, PG VI) | Einsamkeit |
| solo (o) (U11, AO) | Erdboden |
| soltar (U2, PG IIB) | freilassen, lösen |
| soltar fogos (port.: deitar foguetes) (U6, AL) | Feuerwerke abbrennen |
| sombra (a) (U2, AO) | Schatten |
| sonhar com (U2, PG IIB) | träumen von |
| sonho (o) (Introd., AO) | Traum |
| sorridente (U1, AO) | lächelnd |
| sorrir (U1, AO) | lächeln |
| sorvete (= gelado) (o) (U6, AO) | Eis(-speise) |
| sossego (o) (U10, AO) | Ruhe |
| sozinho (U1, AO) | allein |
| só aí mesmo (U2, AO) | (wirklich) nur dort |
| só se falava (U1, AO) | man sprach nur |
| subdiretor (o) (U12, PG V) | stellvertretender Direktor |
| subdividir (U7, TC) | unterteilen |
| subir (U12, AE III) | hinaufsteigen |
| subir ao trono (U9, AL) | den Thron besteigen |
| subitamente (U12, AE I) | plötzlich |
| subsolo (o) (U2, AL) | Unterboden |
| substantivo (o) (U1, PG VI) | Substantiv, Name |
| substantivo coletivo (o) (U10, PG III) | kollektives Substantiv |
| substantivo composto (o) (U10, PG II) | zusammengesetztes Substantiv |
| substitua por (U5, PG IC) | ersetzen Sie durch |
| substituição (a) (U8, PG IIC) | Ersetzung |
| substituindo ... (U5, PG IB) | indem man ... ersetzt |
| substituir (U1, AE II) | ersetzen |
| suceder (U9, AO) | nachfolgen |
| sucessivo (U9, AL) | aufeinanderfolgend |
| sucesso (o) (U1, PG VI) | Erfolg |
| sucessor (o) (U8, AO/AL) | Nachfolger |
| suco (port.: sumo) de limão (o) (U5, AO) | Zitronensaft |
| sudeste (U7, AO) | Südosten, südöstlich |
| Suevos (os) (U9, AO) | Sueven |
| suficiente (U5, AL) | genügend |
| sufixo (o) (U8, PG IV) | Suffix, Nachsilbe |

| | |
|---|---|
| sufocar (U8, Ao/Al) | wörtl.: ersticken; hier: unterdrücken |
| sugestão (a) (U5, AL) | Vorschlag |
| Suíça (a) (U2, AO) | Schweiz |
| sujar (U11, AL) | verschmutzen |
| sujeito (o) (U9, PG IC) | Subjekt |
| Sul (o) (Introd., AO) | Süden |
| superfície (a) (U7, AL) | Fläche; auch: Oberfläche |
| supermercado (o) (U5, AE III) | Supermarkt |
| supor (U6, PG IB) | annehmen, vermuten |
| suposição (a) (U4, PG IC) | Vermutung |
| surgir (U7, AO) | entstehen; auch: auftauchen |
| surpreender (U6, PG IB) | überraschen |
| surpresa (a) (U8, PG IIC) | Überraschung |
| suspeito (o) (U12, AL) | Verdächtiger |
| tal (U1, AL) | solch |
| tal como (pl.: tais como) (U7, AL) | wie z. B. |
| tamanho (o) (U7, AO) | Größe |
| tantas indústrias (U4, TC) | so viele Industrien |
| tanto ... como ... (U3, PG IA) | sowohl ... als auch |
| tanto a familiares, como a ... (U3, AO) | sowohl Familienmitgliedern als auch ... |
| tanto dá chá, como tabaco (U4, TC) | hier: wo sowohl Tee wie Tabak gedeihen |
| tanto ferro assim = assim tanto ferro (U7, AO) | so viel Eisen |
| tapete (o) (U1, AO) | Teppich |
| tasca (a) (U3, AO) | Kneipe |
| tatuagem (a) (U8, PG X) | Tätowierung |
| teatro (o) (U10, TC) | Theater |
| tecelagem (a) (U2, AL) | Weberei |
| tecido (o) (U9, AO) | Stoff |
| técnica (a) (U9, AO) | Technik |
| técnico (U10, AL) | technisch |
| telefonar-lhe-emos (U4, AO) | wir werden sie/ihn anrufen |
| telefonema (o) (U3, PG IIA) | Telefonanruf, Telefonat |
| telenovela (a) (U10, AO) | Telenovela (tägl. Serie im Fernsehen, meist aus Brasilien) |
| tema (o) (U3, AO) | Thema |
| temos que = há que (U2, AO) | man soll/muß; es ist zu ... |
| tempere (Imperativ v. temperar) (U5, AO) | würzen Sie; auch: schmecken Sie ab |
| tempero (o) (U5, AO) | Würze, Gewürz; hier: Marinade |
| tempestade (a) (U1, PG VII) | Sturm |
| templo (o) (U3, TC) | Tempel |
| tempo composto (o) (U12, PG IA) | zusammengesetzte Form des Verbs |
| tempo verbal (o) (U10, PG IA) | Zeit des Verbums |
| temporal (U7, PG IC) | temporal, zeitlich, Zeit- |
| tendo em conta os aspectos ...(U4, PG VII) | indem man (die Aspekte) berücksichtigt |
| tenho estado a tentar... (U3, AO) | ich versuche; ich bin dabei zu versuchen |
| tentar explicar (U6, PG IV) | versuchen zu erklären |
| tentativa (a) (U8, AO/AL) | Versuch |
| tentativa de homicídio (a) (U12, AL) | Mordversuch |
| ter a certeza (U4, PG IC) | sicher sein |

| | |
|---|---|
| ter acesso à faculdade (U10, AL) | Zugang zur Fakultät erhalten |
| ter direito a (U7, TC) | Recht haben auf |
| ter em conta (U7, PG V) | beachten, in Betracht ziehen |
| ter lugar (Introd., PG II) | stattfinden |
| ter saudades de alguém (Ap., 1. Seite) | jemanden vermissen |
| ter talento musical (U10, TC) | musikalisch sein |
| ter um ar simpático (U3, AO) | sympathisch aussehen |
| teremos (U4, AO) | wir werden haben |
| terminação (a) (U4, PG IA) | Endung |
| terminado (U8, PG IV) | hier: mit der Endung |
| termo (o) (U6, TC) | Begriff |
| terra (a) (U1, AO) | Erde, Heimat |
| terra firme (a) (U4, AO) | fester Boden |
| terraço (o) (U4, PG VII) | (Dach-) Terrasse |
| terramoto (o) (U4, AO) | Erdbeben |
| terras lusitanas (as) (U3, AO) | lusitanische (= portugiesische) Gebiete |
| território (o) (U7, TC) | Gebiet, Territorium |
| terror (o) (U8, Ao/Al) | Terror |
| tese (a) (U10, AO) | hier: Doktorarbeit |
| tesouro (o) (U1, AL) | Schatz |
| testemunho (o) (U1, TC) | Beweis, Zeugnis |
| têxtil (U2, AO) | Textil- |
| texto (o) (Introd., PG IA) | Text |
| texto narrativo (o) (U7, PG III) | Erzähltext |
| tinha (Imp. v. ter) (U1, AO) | hatte |
| tinha acabado (U2, AO) | hatte beendet |
| tinha acabado de chegar (U12, AO) | (ich) war soeben angekommen |
| tinha conhecido (U2, PG IA) | hatte gekannt |
| tinha ido (Plusquamperf. v. ir) (U2, AO) | war gegangen |
| tinha pensado (U2, AO) | hatte gedacht |
| tinha sido (U2, PG IA) | war gewesen |
| tinha um (port.: havia um) (U12, AO) | es gab einen |
| tinha visto (U2, AO) | hatte gesehen |
| tinta (a) (U7, AO) | Tinte, Farbe |
| típico (U4, PG VII) | typisch |
| tipo (o) (U4, PG II) | Typ, Art |
| tirar (Introd., AO) | nehmen, herausnehmen |
| tirar férias (= fazer férias) (Introd., AO) | Urlaub machen |
| tirar fotos (/fotografias) (U7, AO) | Fotos machen, fotografieren |
| tirar proveito (U11, AO) | profitieren |
| tirar um curso universitário (U10, AL) | ein Hochschulstudium absolvieren |
| tocar (à porta) (U1, PG II) | läuten (an der Tür) |
| tocar (o telefone) (U1, PG II) | klingeln (des Telefons) |
| tocar (U1, PG II) | spielen (ein Musikinstrument); auch: anfassen (berühren) |
| toda a ilha (U1, AL) | die ganze Insel |
| todas as manhãs (U6, PG IB) | jeden Morgen |
| todo atarefado (U5, AO) | sehr beschäftigt |
| todo mundo está de ressaca (bras.) (U6, AO) | alle Leute haben einen Kater |

| | |
|---|---|
| todo o litoral entra em festa (U6, AL) | es wird im ganzen Küstengebiet gefeiert |
| todo/toda (U7, PG III) | ganz, all |
| todos (U1, AO) | alle |
| todos/todas (U7, PG III) | alle; auch: jede(r) |
| tomada de posse (a) (U8, AO/AL) | Amtsantritt |
| tomar medidas (U7, PG V) | Maßnahmen ergreifen |
| tomar o gosto de (U5, AO) | Geschmack von etwas annehmen |
| tomar outro nome (U6, TC) | einen anderen Namen annehmen |
| tomar posse (U8, AO/AL) | ein Amt antreten |
| tomara eu! (U2, PG IC) | das wünschte ich mir! |
| tomara que = oxalá (U6, PG IB) | hoffentlich |
| tomara que possam ir (U6, AO) | hier: hoffentlich klappt es (könnt ihr hinfliegen) |
| tomate sem pele (o) (U5, AO) | Tomate ohne Haut |
| tonelada (a) (U7, AL) | Tonne |
| topázio (o) (U7, AO) | Topas |
| tópico (o) (bras.: a dica) (Introd., AO) | Tip; auch: Stichpunkt |
| torça esta pasta num pano (U5, AO) | hier: wickeln Sie diese Paste in ein Tuch und pressen Sie sie zusammen |
| torcer (U5, AO) | drehen, umdrehen |
| tornar (U2, TC) | umwandeln; hier: machen |
| tornar inconfundível (U3, AO) | unverwechselbar machen |
| torrar (U7, PG VIII) | rösten |
| torre (a) (U4, AO) | Turm |
| tortura (a) (U8, Ao/Al) | Tortur, Folter |
| Trabalho e tempos livres(U10, Titel) | Beruf und Freizeit |
| trabalo em conjunto (o) (Ap., 1. Seite) | Zusammenarbeit |
| trabalhos manuais (os) (U7, AO) | Handarbeit(-en) |
| tradição (a) (U3, AO) | Tradition |
| tradicional (U4, PG VII) | traditionell |
| traduzir (U4, PG VIIIC) | übersetzen |
| trajeto (o) (U1, PG VI) | Route |
| tranquilo (U7, PG IC) | beruhigt, ruhig |
| transformação (a) (U7, AE II) | Verwandlung, Veränderung |
| transformada em passarela (U6, AO) | verwandelt in einen Laufsteg |
| transformar (U7, TC) | ändern, verändern |
| transitar (U8, Ao/Al) | überwechseln |
| trânsito (o) (Introd., PG IB) | Verkehr |
| trata-se de (U1, AO) | es handelt sich um |
| trautear (= cantarolar) (U10, TC) | trällern |
| travar (U2, AO) | bremsen; hier: schließen, machen |
| travar conhecimento (U2, AO) | Bekanntschaften schließen |
| travessa (a) (U5, TC) | Servierplatte |
| traz-me (Imperativ v. trazer) (U5, AO) | bring(e) mir |
| três semanas seguidas (U6, AO) | drei Wochen in einem Stück |
| tribo (a) (U7, TC) | Stamm |
| trigo (o) (U2, AL) | Weizen |
| tristeza (a) (U1, PG VI) | Traurigkeit |
| trocar impressões sobre (U10, AO) | Gedanken austauschen über |
| trocava (Imp. v. trocar) (U1, AO) | tauschte |

| | |
|---|---|
| tropical (U4, AL) | tropisch |
| tudo correrá bem (U5, PG IC) | es wird (alles) gut laufen/gehen |
| turismo (o) (U4, TC) | Tourismus |
| turismo de habitação (o) (U11, AL) | Urlaub in Herrenhäusern (bei einer portugiesischen Familie in einem, in der Regel, sehr schönen Landhaus) |
| turismo rural (o) (U11, AL) | Tourismus/Urlaub auf dem Land |
| ultimamente (U3, PG IB) | in letzter Zeit |
| última vez (U10, AO) | letztes Mal |
| Um adeus em português (Ap., Titel) | Auf Wiedersehen auf Portugiesisch |
| Um pouco da História de Portugal (U2, PG IIA) | Ein wenig zur Geschichte Portugals |
| um dia (U1, AO) | eines Tages |
| um não sei quê (U3, AO) | irgend etwas, ein wenig |
| uma vez, duas vezes (U5, PG IIB) | einmal, zweimal |
| união (a) (U7, PG VIC) | Vereinigung, Verbindung |
| único (U8, AO/AL) | einzig |
| unidade (a) (U7, PG VIC) | Einheit |
| unindo (Gerundium v. unir) (U4, PG II) | hier: und so verbindet man |
| unir (U4, PG II) | verbinden, zusammenschließen |
| uns/umas 2000 (U4, AO) | um die 2000 |
| urânio (o) (U2, AL) | Uran |
| urbano (U3, AO) | städtisch |
| urgente (U12, AO) | dringend |
| usar (Introd., PG II) | benutzen, gebrauchen; auch: tragen |
| uso (o) (Introd., PG II) | Anwendung |
| utensílio (o) (U6, AL) | Gebrauchsgegenstand |
| utilização (a) (U4, PG II) | Verwendung, Benutzung |
| utilizado (U1, PG IB) | verwendet, benutzt |
| utilizando (Gerundium v. utilizar) (U3, PG VII) | indem Sie verwenden/benutzen |
| utilizar (Introd., PG II) | verwenden, benutzen |
| uva (a) (U4, AL) | hier: Wein; wörtl.: Traube |
| vagamente (Introd., PG II) | vage, ungewiß, unklar (Adverb) |
| vago (U7, TC) | hier: unklar, vage; auch: frei |
| vai andando (U9, PG II) | geh schon vor |
| vale (o) (U2, AO) | Tal |
| valer (U3, PG III) | wert sein; taugen; nützen; helfen |
| válido (U3, PG IB) | gültig |
| valioso (U1, PG VI) | wertvoll |
| valores entre 0,85 e 1,1 de alcoolemia (U12, TC) | Werte zwischen 0,85 und 1,1 Promille Alkohol |
| vantagens e desvantagens (as) (U11, AO) | Vor- und Nachteile |
| vapor de água (o) (U4, AO) | Wasserdampf |
| variado (U5, TC) | abwechslungsreich |
| variados (U3, AO) | verschiedene |
| variar (U3, PG IIB) | abwechseln |
| variar em género e número (U2, PG IIA) | sich in Geschlecht und Zahl nach ... richten (grammatikalisch) |
| várias vezes (U8, AO/AL) | oft |

| | |
|---|---|
| variedade (a) (U4, AL) | Sorte |
| vários (Introd., PG IB) | mehrere |
| vastidão (a) (U4, AO) | Weite, Größe |
| vatapá (o) (U6, TC) | Fisch- und Krabbengericht mit einem Brei aus in Kokosmilch gekochtem Brot (afro-bras.) |
| vazio (Introd., PG IB) | leer |
| vedeta (bras.: vedete) (a) (U10, TC) | Star |
| vegetação (a) (U2, AO) | Vegetation |
| vegetal (U5, AO) | pflanzlich |
| veja no apêndice (U6, PG IA) | schauen Sie nach im Anhang |
| vela (a) (U2, PG VII) | hier: Kerze |
| vencer (U9, AO) | siegen über |
| vencido (U9, AO) | besiegt |
| venda (a) (U6, PG VII) | Verkauf |
| vento (o) (U1, PG VII) | Wind |
| verão (o) (U11, AL) | Sommer |
| verbo principal (o) (U2, PG IB) | Hauptverb |
| verdade (a) (U4, 1. Seite) | Wahrheit |
| verdadeiro (U3, TC) | echt |
| verduras (as) (= os legumes) (U5, PG IIB) | Gemüse |
| verificar (U5, AO) | nachprüfen |
| verificar-se (Introd., PG II) | feststellen |
| verifique os temperos (U5, AO) | hier: schmecken Sie ab |
| versão (a) (U1, AL) | Version |
| verso (o) (U3, AO) | Vers |
| véspera (a) (U12, AO) | Vorabend |
| vestido de branco (U6, AL) | weiß gekleidet |
| vestígio (o) (U9, 1. Seite) | Spur |
| vez (a) (U8, AO/AL) | Mal; -mal |
| vê lá se vens à festa! (U12, AL) | schau, daß Du zum Fest kommen kannst! |
| via (Imp. v. ver) (U1, AO) | sah |
| viagem marítima (a) (U9, AL) | Seereise |
| viam (Imp. v. ver) (U1, AL) | sahen |
| vice-cônsul (o) (U10, PG II) | Vizekonsul |
| viçoso (U4, TC) | üppig |
| vida profissional (a) (U3, AO) | berufliches Leben |
| vigia da noite (= guarda noturno) (o) (U12, AO) | Nachtwächter |
| vigiar (U8, Ao/Al) | beobachten; hier: auf die Finger sehen |
| vim com melhor aspecto (Ap., I) | als ich zurückkam, sah ich besser (erholt) aus |
| vinda dos dirigentes (a) (U8, AO/AL) | Rückkehr der Vorsitzenden |
| vindo (Partizip v. vir) (U2, PG IIB) | gekommen |
| vindo a parar à porta da discoteca (U12, AL) | und schließlich hielt es vor der Tür der Discothek |
| vinha anunciado no jornal (U11, AE III) | war in der Zeitung annonciert |
| violento (U4, AO) | gewaltig, heftig |
| viria a morrer muito jovem (U9, PG X) | (später) sehr jung sterben mußte |
| visão (a) (U1, AO) | Sehen, Sehvermögen |

| | |
|---|---|
| Visigodos (os) (U9, AO) | Westgoten |
| visitaremos (U4, AO) | wir werden besuchen |
| visível (U3, AO) | sichtbar |
| visto pelos olhos de uma criança (U11, TC) | mit/aus den Augen eines Kindes |
| visto sob uma perspectiva ... (U8, PG IIC) | aus einer ... Perspektive gesehen |
| vítima (a) (U4, AO) | Opfer |
| vitória sobre os invasores (a) (U9, AL) | der Sieg über die Eindringlinge |
| viúvas (as) e órfãos (os) (U8, Ao/Al) | Witwen und Waisen |
| vivacidade (a) (U9, PG II) | Lebendigkeit |
| vivência (a) (Introd., PG II) | Erlebnis |
| vivenda (a) (U11, TC) | Haus (einzeln stehendes Haus) |
| viver (U1, AO) | leben |
| vivia (Imp. v. viver) (U1, AO) | lebte |
| vivido (U1, AO) | ge-/erlebt |
| vocabulário (o) (U1, AE I) | Wortschatz |
| Você não sabia? (U1, Titel) | Wußten Sie nicht? |
| volfrâmio (o) (U2, AO) | Wolfram |
| voltar (U2, PG VI) | zurückkommen, zurückkehren |
| voltar logo (port.: voltar já) (U12, AO) | so schnell wie möglich kommen |
| voltar para trás (U12, AO) | umkehren |
| vontade (a) (U6, PG IB) | Wunsch, Wille(n) |
| voo (bras.: vôo) direto (o) (U4, AE II) | direkter Flug |
| voz (a) (U4, AO) | Stimme |
| voz passiva (a) (U11, PG IA) | Passiv (Leideform) |
| vulcânico (U4, AO) | vulkanisch |
| vulcão (o) (U1, AL) | Vulkan |
| xícara (bras.) (a) (U5, AO) | Tasse |
| xinxim (o) (U5, AO) | Kochrezept aus Bahia (bras.) |
| Zé Povinho (o) (U10, TC) | wörtl.: Zé (aus José), das "Völkchen"; hier: die Portugiesen |
| zinco (o) (U7, AL) | Zink |
| zona (a) (U2, AO) | Gebiet |
| zona centro (de Portugal) (a) (U3, 1. Seite) | Mittelportugal |

# 3ª Parte: Exercícios de compreensão auditiva + soluções

Os seguintes textos são falados integralmente na cassete:

**AO: Introdução; Unidade 2; Unidade 4; Unidade 6; Unidade 9; Unidade 11**

**TC: Unidade 1; Unidade 3; Unidade 5; Unidade 7; Unidade 8; Unidade 10; Unidade 12**

**PG VII, Unid. 1;  PG V, Unid. 3;  PG IV, Unid. 5;  PG VII, Unid. 7**


## Zur Benutzung der Toncassette

Mit Hilfe der Aufnahmen der unter **AO** gekennzeichneten Texte können Sie Ihre Aussprache auf einfache und effektive Art verbessern.
Berücksichtigen Sie folgende Phasen:

1. Hören Sie den ganzen Text und lesen Sie ihn gleichzeitig still mit.
2. Schließen Sie Ihr Lehrbuch und hören Sie den Text ein zweites Mal; dabei sollten Sie nach jedem Satz eine Pause machen (drücken Sie auf "Pause"), um den Satz zu wiederholen. Haben Sie ihn nicht verstanden, dann spulen Sie die Cassette so oft zurück, bis Sie den Satz vollkommen verstehen.
3. Hören Sie den Text ein letztes Mal; gleichzeitig lesen Sie ihn laut mit.


## Considerações quanto ao uso da cassete

### I  Diálogos - AO

Utilizando as gravações dos textos com o símbolo **AO** (introdução e unidades 2, 4, 6, 9 e 11), pode aperfeiçoar a sua pronúncia de forma simples e eficaz. Proceda da seguinte maneira, considerando três fases distintas:

**1ª fase:**  Ouça o texto todo, lendo-o, ao mesmo tempo, em voz baixa.
**2ª fase:**  De livro fechado, volte a ouvir o texto, mas agora frase por frase. Para isso, carregue no botão *pausa* depois da audição de cada frase isolada e repita-a. Se não compreendeu bem, volte atrás e ouça a mesma frase tantas vezes quantas forem precisas até compreender tudo.
**3ª fase:**  Ouça de novo o texto e leia-o, simultaneamente, em voz alta.
Exemplos de marcação de pausas:

### Introdução, AO  Conversa na rua
Olá, Margarida! *(pausa e repetição)* / Oi, Rui! *(pausa e repetição)* / Como é que foram as suas férias? *(pausa e repetição)* / Foram ótimas, gostei muito. *(pausa e repetição)* / Estive no Algarve, sabia? *(pausa e repetição)* ...

## II Outros textos

**Os textos complementares falados** (unidades 1, 3, 5, 7, 8, 10 e 12), bem como alguns textos da **PG** (unidades 1, 3, 5 e 7), podem ser utilizados como **exercícios de compreensão auditiva.** Seguem-se exercícios deste tipo:

## Unidade 1

### TC Os Açores

| | |
|---|---|
| **1ª fase:** | Audição do texto - *Hören Sie den Text der Cassette* |
| **2ª fase:** | Leitura das afirmações que se seguem - *Lesen Sie die unten stehenden Aussagen* |
| **3ª fase:** | Ouça o texto pela segunda vez e, simultaneamente, marque as afirmações certas com *sim* e as erradas com *não* - *Hören Sie den Text ein zweites Mal; gleichzeitig markieren Sie die richtigen Aussagen mit "ja" und die falschen mit "nein"* |
| **4ª fase:** | Compare as suas respostas (/Confronte) com as soluções - *Vergleichen die Ihre Ergebnisse mit den Lösungen* |

Afirmações:
1. Os Açores ficam situados no Atlântico, entre a América e a Europa, a 4000 km de Nova Iorque e a 1600 km de Lisboa.
2. O arquipélago é constituído por sete ilhas.
3. São Miguel e Santa Maria formam o grupo noroeste.
4. São Jorge, Terceira, Graciosa, Faial e Pico formam o grupo central.
5. Nove ilhas dos Açores são de origem vulcânica.
6. Há muitas lagoas nos Açores.
7. O arquipélago foi descoberto pelos portugueses.
8. Os Açores foram descobertos no séc. XVI.
9. Os descobridores encontraram busardos nas ilhas.
10. *Açor* é o nome de um pássaro.

### PG VII  Lenda de S. Martinho

| | |
|---|---|
| **1ª fase:** | Audição |
| **2ª fase:** | Leitura das seguintes perguntas |
| **3ª fase:** | Audição pela segunda vez; simultaneamente, marque a frase correta *(a, b ou c)* |
| **4ª fase:** | Confronto com as soluções |

Perguntas
1. Quem é que S. Martinho viu em certo dia de tempestade?
2. O que é que S. Martinho fez com a sua espada?
3. O que é que aconteceu, quando S. Martinho deu metade da capa ao homem?

4. Desde quando se fala do *verão de S. Martinho?*
5. Quando é o dia de S. Martinho?

O que está correto?

1. Quem é que S. Martinho viu em certo dia de tempestade?
a) S. Martinho viu um homem pobre e mal vestido.
b) S. Martinho não viu ninguém, porque chovia muito.
c) S. Martinho viu uma mulher muito pobre com uma criança.

2. O que é que S. Martinho fez com a sua espada?
a) S. Martinho cortou o seu casaco ao meio.
b) S. Martinho cortou a sua capa em duas partes.
c) S. Martinho não fez nada.

3. O que é que aconteceu, quando S. Martinho deu metade da capa ao homem?
a) Não aconteceu nada.
b) O vento e a chuva pararam.
c) A neve parou.

4. Desde quando se fala do *verão de S. Martinho?*
a) Desde esse dia em que S. Martinho deu metade da sua capa ao pobre.
b) Desde sempre.
c) Desde aquele dia de verão em que S. Martinho deu a sua capa ao pobre.

5. Quando é o dia de S. Martinho?
a) É no dia 12 de novembro.
b) É no dia 11 de novembro.
c) É no dia 19 de março.

## Soluções

**TC:** 1. sim; 2. não; 3. não; 4. sim; 5. não; 6. sim; 7. sim; 8. não; 9. sim; 10. sim.
**PG VII:**   1. a) - correto; 2. b) - correto; 3. b) - correto; 4. a) - correto;
5. b) - correto.

## Unidade 3

### TC  O Alentejo

| | |
|---|---|
| **1ª fase:** | Audição do texto |
| **2ª fase:** | Leitura das afirmações seguintes |
| **3ª fase:** | Audição do texto pela segunda vez; simultaneamente, marque as afirmações certas com *sim* e as erradas com *não* |
| **4ª fase:** | Compare as suas respostas com as soluções |

Afirmações

1. Alentejo significa *terras de além Tejo*.
2. Diz-se que o Alentejo é o *celeiro de Portugal*.
3. Há grandes serras no Alentejo.
4. Produz-se cortiça em Portugal, mas em pequenas quantidades e por isso não se exporta.
5. Os tapetes de Arraiolos são feitos segundo uma técnica árabe.
6. Évora fica no Baixo Alentejo.
7. Na Península Ibérica há muitos templos como o de Évora.
8. Um cavaleiro cristão, chamado Giraldo, conquistou a cidade aos mouros no séc. XII.
9. No tempo de D. João I, Évora foi elevada à categoria de segunda cidade do reino.
10. Évora é um tesouro artístico português.

## PG V  Conversa na paragem do autocarro

**1ª fase:**  Audição
**2ª fase:**  Leitura das frases que se seguem
**3ª fase:**  Audição pela segunda vez; simultaneamente, completam-se as frases
**4ª fase:**  Confronto com as soluções

*Sr. Schmidt* - Bom dia, D. Célia.
*D. Célia* - ..., Sr. Schmidt. Como vai? Ultimamente não tem ido ao clube.
*Sr. Schmidt* - ... Sabe, nos últimos tempos tenho tido muito trabalho. Tenho andado muito cansado.
*D. Célia* - E a sua esposa? Também não a ... .
*Sr. Schmidt* - Ela tem ... doente.
*D. Célia* - Sim? O que ... ela tem?
*Sr. Schmidt* - Gripe. Mas já ... . E a senhora, como está?
*D. Célia* - Bem, muito obrigada. ... de férias e ido sempre para a praia. Com este tempo tão bom.
*Sr. Schmidt* - Isso é verdade, o tempo ... fantástico nas últimas semanas! Já vem ali o meu autocarro. Bom, então adeus. Uma continuação de boas férias.
*D. Célia* - Obrigada. Desejo ... à sua esposa.
*Sr. Schmidt* - Muito obrigado. Cumprimentos ... . Bom dia.
*D. Célia* - Até à ... !

## Soluções
**TC:** 1. sim; 2. sim; 3. não; 4. não; 5. sim; 6. não; 7. não; 8. sim; 9. sim; 10. sim.

## PG V:
*D. Célia* - Bom dia
*Sr. Schmidt* - Pois não!
*D. Célia* - tenho visto
*Sr. Schmidt* - estado
*D. Célia* - é que

| *Sr. Schmidt* | - está melhor |
|---|---|
| *D. Célia* | - Tenho estado |
| *Sr. Schmidt* | - tem estado |
| *D. Célia* | - as melhoras |
| *Sr. Schmidt* | - ao seu marido |
| *D. Célia* | - próxima |

## Unidade 5

**TC A cozinha portuguesa sem bacalhau? - inconcebível**

**1ª fase:** Audição do texto
**2ª fase:** Leitura das afirmações seguintes
**3ª fase:** Audição do texto pela segunda vez; simultaneamente, marque as afirmações certas com *sim* e as erradas com *não*
**4ª fase:** Compare as suas respostas com as soluções

Afirmações
1. A cozinha portuguesa é simples.
2. Uma boa refeição começa com uma sopa.
3. O bacalhau é considerado o *prato nacional*.
4. Põe-se sempre o bacalhau uns minutos de molho, antes de o cozinhar.
5. Há poucas receitas de bacalhau.
6. Os portugueses gostam muito de bacalhau.
7. O bacalhau à Gomes de Sá não é muito conhecido em Portugal.
8. Azeite, cebola e piripiri entram em muitas receitas portuguesas.
9. É difícil fazer bacalhau à Gomes de Sá.
10. O bacalhau à Gomes de Sá serve-se enfeitado com ovo cozido e azeitonas.

## PG IV Composição-puzzle: Gambas à Iracema

**1ª fase:** Audição
**2ª fase:** Leitura das frases que se seguem
**3ª fase:** Audição pela segunda vez; simultaneamente, complete as frases
**4ª fase:** Confronto com as soluções

1. Numa frigideira, ... óleo de amendoim.
2. Frite ... de gambas;
3. ... sal, piripiri, colorau e
4. junte três dentes ... .
5. Deixe fritar as gambas cerca de ... de cada lado.
6. No fim ... com sumo de limão.
7. Acompanhe ... de tomate
8. ... pão torrado com manteiga.
9. ... apetite!

**Soluções**

**TC:** 1. sim; 2. sim; 3. sim; 4. não; 5. não; 6. sim; 7. não; 8. sim; 9. não; 10. sim.

**PG IV:**
1. aqueça, 2. 1/2 kg.; 3. ponha; 4. de alho; 5. cinco minutos; 6. regue; 7. com arroz; 8. ou com; 9. Bom

**Unidade 7**

**TC  O Índio**

| | |
|---|---|
| **1ª fase:** | Audição do texto |
| **2ª fase:** | Leitura das afirmações seguintes |
| **3ª fase:** | Audição do texto pela segunda vez; simultaneamente, marque as afirmações certas com *sim* e as erradas com *não* |
| **4ª fase:** | Compare as suas respostas com as soluções |

Afirmações
1. Uma fauna e uma flora riquíssimas - eis algumas das riquezas às quais os índios brasileiros tinham direito.
2. A caça e a pesca constituíam as atividades principais de muitos índios.
3. Todas as tribos conseguiram manter as suas tradições e costumes.
4. *Cocar* é um enfeite de plumas para a cabeça.
5. Muitos índios trocaram os arcos e as flechas por espingardas.
6. *Reservas* são territórios onde os índios vivem.
7. Os índios não têm contato com os brancos.
8. A exploração do ouro, por exemplo, não é uma ameaça para alguns índios.
9. O Índio vê-se confrontado com a destruição da Selva.
10. A doença também é um problema que contribui para a dizimação dos índios.

**PG VII A: A Região do Iguaçú; B: A Amazónia**

| | |
|---|---|
| **1ª fase:** | Audição |
| **2ª fase:** | Leitura das frases que se seguem |
| **3ª fase:** | Audição pela segunda vez; simultaneamente, complete as frases |
| **4ª fase:** | Confronto com as soluções |

**A  A Região do Iguaçú**

As Cataratas do Iguaçú localizam-se no estado do Paraná, entre as fronteiras ... .
As águas do Rio Iguaçú caem em semicírculo, de uma altura de 50 a 80 metros, estendendo-se por uma largura de mais de 3 km. O Parque Nacional do Iguaçú, com 170.000 hectares, é a maior reserva florestal do ...

## B  A Amazónia

A Amazónia inclui vários estados: Amazonas, Pará, Acre e Rondónia, bem como os territórios de Roraima e Amapá. ... o estado do Amazonas cuja capital é ... (cidade fundada no séc. XVIII pelos portugueses), situada nas margens do Rio Negro. Com a descoberta ... nos finais do séc. XIX, Manaus transformou-se numa cidade rica, riqueza esta que só durou 30 anos.
O Rio Amazonas - formado ... e pelo Rio Solimões -, com um comprimento de 6.400 km, atinge nalguns pontos uma profundidade de 60 a 100 m e uma largura de 2 a 2,5 km.

## Soluções

**TC:** 1. sim; 2. sim; 3. não; 4. sim; 5. sim; 6. sim; 7. não; 8. não; 9. sim; 10. sim

**PG VII**   **A**: do Brasil e da Argentina; sul do Brasil
**B**: O maior estado do Brasil é; Manaus; da borracha; pelo Rio Negro

## Unidade 8

### TC  Os países africanos de expressão portuguesa

**1ª fase:**  Audição
**2ª fase:**  Leitura das perguntas que se seguem
**3ª fase:**  Audição pela segunda vez; simultaneamente, indique qual das frases *(a, b ou c)* está correta
**4ª fase:**  Confronto com as soluções

Perguntas
1. Quantos são os países africanos de língua oficial portuguesa?
2. Quais são os chamados PALOP´s?
3. Onde fica situada a República de Angola?
4. Qual é o nome da capital de Angola?
5. Qual é a capital de Moçambique?

O que está correto?

1. Quantos são os países africanos de língua oficial portuguesa?
a) Os países africanos de língua oficial portuguesa são cinco.
b) Os países africanos de língua oficial portuguesa são sete.
c) Os países africanos de língua oficial portuguesa são seis.

2. Quais são os chamados PALOP´s?
a) Os chamados PALOP´s são Angola e Moçambique.
b) Os chamados PALOP´s são Angola, Cabo Verde, Guiné-Bissau e Moçambique.
c) Os chamados PALOP´s são Angola, Cabo Verde, Guiné-Bissau, Moçambique e São Tomé e Príncipe.

3. Onde fica situada a República de Angola?
a) A República de Angola fica situada na África setentrional.
b) A República de Angola fica situada na África austral.
c) A República de Angola fica situada na África central.

4. Qual é o nome da capital de Angola?
a) A capital de Angola é Luanda.
b) A capital de Angola é Cabinda.
c) A capital de Angola é Nova Lisboa.

5. Qual é a capital de Moçambique?
a) A capital de Moçambique é Chibuto.
b) A capital de Moçambique é Maputo.
c) A capital de Moçambique é Inhambane.

**Soluções**

**TC:** 1. a) - correto; 2. c) - correto; 3. b) - correto; 4. a) - correto; 5. b) - correto.

## Unidade 10

### TC A revista portuguesa

**1ª fase:** Audição
**2ª fase:** Leitura das perguntas que se seguem
**3ª fase:** Audição pela segunda vez; simultaneamente, indique qual das frases (*a, b ou c*) está correta
**4ª fase:** Confronto com as soluções

Perguntas
1. Onde se efetuou a primeira representação da revista portuguesa?
2. Qual é a origem da revista?
3. Pode-se afirmar que a revista portuguesa com o tempo quase desapareceu?
4. Por quem são escritos os textos da revista?
5. A música é sempre original?

O que está correto?

1. Onde se efetuou a primeira representação da revista portuguesa?
a) A primeira representação da revista portuguesa efetuou-se em Lisboa.
b) A primeira representação da revista portuguesa efetuou-se em Coimbra.
c) A primeira representação da revista portuguesa efetuou-se no Porto.

2. Qual é a origem da revista?
a) A origem da revista é berlinense
b) A origem da revista é vienense.
c) A origem da revista é parisiense.

3. Pode-se afirmar que a revista portuguesa com o tempo quase desapareceu?
a) Sim, pode-se afirmar que a revista portuguesa desapareceu.
b) Sim, pode-se afirmar que a revista portuguesa desapareceu completamen-
te.
c) Não, em Portugal a revista manteve-se até hoje.

4. Por quem são escritos os textos da revista?
a) Os textos são sempre escritos só por um autor.
b) Os textos são escritos por, no máximo, dois autores.
c) Os textos são escritos por um grupo de autores.

5. A música é sempre original?
a) A música não precisa de ser original.
b) A música tem de ser sempre original.
c) A música é sempre original e só às vezes são apresentadas, alternadamen-
te, melodias conhecidas.

## Soluções

**TC**: 1. a) - correto; 2. c) - correto; 3. c) correto; 4. c) correto; 5. a) correto


## Unidade 12

### TC  Extratos do jornal

**1ª fase:**   Audição
**2ª fase:**   Leitura das perguntas que se seguem
**3ª fase:**   Audição pela segunda vez; simultaneamente, indique qual das frases *(a, b ou c)* está correta
**4ª fase:**   Confronto com as soluções

Perguntas
1. Quais foram as causas dos acidentes a que se refere o texto N° 1?
2. Quando é que se efetuou a operação stop sobre a qual se fala no texto N° 2?
3. Quantos condutores foram apanhados a conduzir com alcoolemia?
4. O texto N° 3 fala de um indivíduo que foi detido. Porquê?
5. Além de droga, o que é que o homem levava consigo?

O que está correto?

1. Quais foram as causas dos acidentes a que se refere o texto N° 1?
a) As causas foram o mau tempo: chuva e um vento muito forte.
b) As causas foram excesso de velocidade.
c) As causas foram o álcool: os condutores foram apanhados com elevados
valores de alcoolemia.

2. Quando é que se efetuou a operação stop sobre a qual se fala no texto N° 2?

a) A operação stop efetuou-se às duas e meia da madrugada.
b) A operação efetuou-se às 2 horas.
c) A operação efetuou-se às quatro da madrugada.

3. Quantos condutores foram apanhados a conduzir com alcoolemia?
a) Foram apanhados dezasseis condutores.
b) Foram apanhados seis condutores.
c) Não foi apanhado nenhum condutor.

4. O texto N° 3 fala de um indivíduo que foi detido. Porquê?
a) Ele foi detido por ter droga consigo.
b) Ele foi detido por ser suspeito de ser passador de droga.
c) Ele foi detido por ter roubado um indivíduo suspeito de ser passador de droga.

5. Além de droga, o que é que o homem levava consigo?
a) Ele também levava consigo uma balança e bastante dinheiro.
b) Ele levava heroína e cocaína consigo.
c) Ele levava haxixe.

**Soluções**

**TC:** 1. b) - correto; 2. a) - correto; 3. b) - correto; 4. b) - correto; 5. a) - correto.

# 4ª Parte: Exercícios orais e de leitura

Para este género de exercícios foram escolhidos os seguintes textos narrativos - *Für diese Art von Übungen wurden folgende Erzähltexte ausgewählt:*

**AL: Unid. 1, Unid. 2, Unid. 3, Unid. 4, Unid. 6, Unid. 7**

**TC: Unid. 4, Unid. 6**

## Unidade 1

### AL  Lenda das Sete Cidades

**1ª fase:**   Leitura do texto - *Lesen Sie den Text*
**2ª fase:**   Conte uma lenda conhecida (alemã, austríaca ou suíça) - *Erzählen Sie mit eigenen Worten eine Ihnen bekannte Sage oder ein Märchen*

## Unidade 2

### AL  As regiões da Beira Alta e da Beira Baixa

**1ª fase:**   Leia o texto - *Lesen Sie den Text*
**2ª fase:**   Resuma o texto oralmente - *Fassen Sie den Text mündlich kurz zusammen*

## Unidade 3

### AL  As regiões da Estremadura e do Ribatejo

**Exercício oral sobre um tema associado ao texto**
**1ª fase:**   Leitura do texto
**2ª fase:**   No fim do texto diz-se que "campinos, montados nos seus belos cavalos, guardam as manadas de **touros**". Como sabe, ainda hoje se realiza em Portugal o "espetáculo" chamado **tourada** (*Stierkampf*). O que pensa sobre este tipo de "show"? Já foi a uma tourada? Gostaria de ver uma?

## Unidade 4

### AL  Madeira, a "Pérola do Oceano"

**1ª fase:**   Leitura do texto
**2ª fase:**   Leitura das afirmações seguintes

**3ª fase:** De acordo com o texto, marque as afirmações certas com *sim* e as erradas com *não*

**4ª fase:** Compare as suas respostas com as soluções

Afirmações:
1. O arquipélago da Madeira é formado pela Ilhas da Madeira e Desertas.
2. A Madeira é uma região autónoma.
3. O arquipélago é de origem vulcânica.
4. Há muita planície na Madeira.
5. A Madeira é muito fértil.
6. Na Madeira não existe a cultura da banana.
7. Há poucos frutos tropicais na Madeira.
8. Cultivam-se muitas flores na Madeira.
9. A pesca é um importante recurso económico.
10. Há pouca criação de gado na Madeira.

**Soluções:** 1. não; 2. sim; 3. sim; 4. não; 5. sim; 6. não; 7. não; 8. sim; 9. sim; 10. não

## TC "Jardins no meio do Atlântico"

**1ª fase:** Leia o texto
**2ª fase:** Resuma o texto oralmente

## Unidade 6

## AL Iemanjá

**1ª fase:** Leitura
**2ª fase:** Leitura das perguntas que se seguem
**3ª fase:** De acordo, com o texto, indique qual frase (a, b ou c) está correta
**4ª fase:** Confronte as suas respostas com as soluções

Perguntas:
1. O que significa *Iemanjá?*
2. Quando se realiza a festa de Iemanjá?
3. O que é que significa a *lavagem?*
4. Porque é que as pessoas oferecem pentes, espelhos e fitas a Iemanjá?
5. O que é que se faz no fim da festa?

O que está correto?

1. O que significa *Iemanjá?*
a) Iemanjá é o nome de um deus.
b) Iemanjá é o nome de uma deusa dos mares e da água.
c) Iemanjá é o nome de uma rainha africana.

2. Quando se realiza a festa de Iemanjá?
a) A festa realiza-se no dia 1 de dezembro.
b) A festa realiza-se no dia 1 de janeiro.
c) A festa realiza-se no dia 31 de dezembro.

3. O que é que significa a *lavagem?*
a) Com a "lavagem", as pessoas "libertam-se" do mal.
b) As pessoas lavam-se, porque está muito calor.
c) As pessoas lavam-se, porque estão sujas.

4. Porque é que as pessoas oferecem pentes, espelhos e fitas a Iemanjá?
a) As pessoas oferecem esses utensílios, porque são baratos.
b) As pessoas oferecem esses utensílios, porque Iemanjá, como rainha, precisa deles para se pôr linda.
c) As pessoas oferecem isso, porque têm de oferecer uma coisa de uso próprio.

5. O que é que se faz no fim da festa?
a) No final reza-se.
b) No fim da festa as pessoas dormem na praia.
c) No final, as pessoas tomam banho no mar.

**Soluções:** 1. b) - correto; 2. c) - correto; 3. a) - correto; 4. b) - correto;
5. a) - correto

## TC Mundo de magia afro-brasileiro

Faça um comentário pessoal a esse "mundo de magia" de que se fala no texto.


## Unidade 7

## AL As riquezas naturais do Brasil

**1ª fase:** Leitura do texto
**2ª fase:** Composição "O Brasil" - escreva umas dez linhas sobre o Brasil ou sobre um aspecto da realidade brasileira à sua escolha.

# 5ª Parte: Exercícios escritos (complemento gramatical)

## Unidade 1

I

Complete a seguinte atividade escrita, substituindo o infinitivo pelo **presente** dos verbos **sair, ouvir, dormir** e **cobrir** - *Ergänzen Sie in der folgenden schriftlichen Übung die Grundform durch das **Präsens** von **sair, ouvir, dormir** und **cobrir**:*

### Sair

1. Eles nunca (sair) à noite.
2. Tu hoje à tarde (sair) de casa?
3. Você (sair) no próximo fim de semana?
4. Nós amanhã não (sair) de casa todo o dia.
5. Hoje já não (sair) de casa, porque o meu irmão me vem visitar.

### Ouvir

1. Ele não (ouvir) bem.
2. Os senhores (ouvir-me) bem?
3. Eu não te (ouvir).
4. Tu (ouvir) as notícias hoje à noite?
5. Nós não (ouvir) nada - você tem de falar mais alto.

### Dormir

1. Hoje (eu/dormir) em casa de amigos.
2. Tu (dormir) no quarto para o jardim.
3. Eles hoje (dormir) num quarto com vista para o mar.
4. Onde é que (dormir) o cão?
5. Hoje nós não (dormir) aqui .

### Cobrir

1. No inverno a neve (cobrir) tudo de branco.
2. As flores das amendoeiras (cobrir) os campos como um enorme e lindo tapete.
3. Quando está frio à noite, você (cobrir) as flores na varanda?
4. A criança está a dormir, mas pode ter frio. Quem a (cobrir), por favor?
5. Na igreja, nós (cobrir) a cabeça.

### Soluções

**Sair:**  1. saem; 2. sais; 3. sai; 4. saímos; 5. saio
**Ouvir:**  1. ouve; 2. ouvem-me; 3. ouço; 4. ouves; 5. ouvimos

**Dormir:**  1. durmo; 2. dormes; 3. dormem; 4. dorme; 5. dormimos
**Cobrir:**  1. cobre; 2. cobrem; 3. cobre; 4. cobre; 5. cobrimos

II
Complete a seguinte atividade escrita, substituindo o infinitivo pelo **perfeito** dos verbos **querer** e **dar:**

### Querer

1. Ele não (querer) ir ao cinema?
2. Elas (querer) ficar em casa?
3. Eu não (querer) falar com ele.
4. Nós já não (querer) telefonar, porque era tarde.
5. Vocês não (querer) sobremesa?

### Dar

1. Você (dar) a notícia ao João?
2. Eles (dar-me) a sua direção.
3. Ela (dar-nos) boas informações sobre o trabalho.
4. Nós (dar) água ao gato.
5. Eu (dar) uma maçã à criança.

### Soluções

**Querer:**  1. quis; 2. quiseram; 3. quis; 4. quisemos; 5. quiseram
**Dar:**  1. deu; 2. deram-me; 3. deu-nos; 4. demos; 5. dei

### Unidade 2

I
Complete a seguinte atividade escrita, substituindo o infinitivo pelo **presente** dos verbos **produzir, concluir, construir** e **seguir:**

### Produzir

1. Estas máquinas modernas (produzir) muito mais do que as antigas.
2. A sua firma (produzir) o quê?
3. Onde é que se (produzir) o vinho do Porto?
4. Eles (produzir) tudo mais barato.
5. Nós não (produzir) vinho verde em grandes quantidades.

### Concluir

1. O que é que os senhores (concluir) da conversa?
2. O que é que tu (concluir) das palavras dela?

3. Eu não (concluir) nada!
4. Você (concluir) alguma coisa desta conversa?
5. Nós (concluir) que ele não quer trabalhar com este chefe.

## Construir

1. Eles (construir) casas bonitas.
2. Vocês (construir) uma casa no Algarve?
3. Tu (construir) a cabana com o Zé?
4. A cidade (construir) muitas casas novas.
5. Eu (construir) a minha casa como quero.

## Seguir

1. Ele (seguir) o seu caminho.
2. Eu (seguir) sempre em frente ...
3. Vocês (seguir) em frente e depois viram à direita.
4. Nós (seguir) pela praia.
5. Qual direção é que você (seguir)?

## Soluções

**Produzir:** 1. produzem; 2. produz; 3. produz; 4. produzem; 5. produzimos
**Concluir:** 1. concluem; 2. concluis; 3. concluo; 4. conclui; 5. concluímos
**Construir**: 1. + 2. constroem/construem; 3. constróis/construis; 4. cons-trói/construi; 5. construo
**Seguir:** 1. segue; 2. sigo; 3. seguem; 4. seguimos; 5. segue

II
Complete a seguinte atividade escrita, substituindo o infinitivo pelo **perfeito** dos verbos **despedir-se** e **seguir**:

## Despedir-se

1. Você (despedir-se) do Sr. Rui Almeida?
2. Nós não nos (despedir) da D. Amélia Andrade.
3. Tu (despedir-se) da minha irmã?
4. Vocês (despedir-se) dos nossos amigos?
5. Eles (despedir-se) do seu filho?

## Seguir

1. Ele (seguir) o seu caminho.
2. Eu (seguir) sempre em frente ...
3. Vocês (seguir) em frente e depois viraram à direita.
4. Nós (seguir) pela praia.
5. Qual direção é que você (seguir)?

**Soluções**

**Despedir-se:** 1. despediu-se; 2. despedimos; 3. despediste-te; 4. despediram-se; 5. despediram-se

**Seguir:** 1. seguiu ; 2. segui ; 3. seguiram; 4. seguimos; 5. seguiu

## Unidade 3

I
Wie wäre es mit einer Übersetzung?

1. Kommst du mit mir?
2. Essen Sie (Sg.) mit uns?
3. Wir gehen mit ihnen ins Kino.
4. Er fährt nicht mit dir.
5. Ich rede mit ihr.
6. Die Blumen sind für Sie (Sg.).
7. Das Buch ist für mich.
8. Der Wein ist für ihn.
9. Das Bier ist für euch.
10. Der Brief ist für dich.

**Soluções**

Que tal uma tradução?

1. Vens comigo?
2. Você/O senhor/A senhora come connosco?
3. Nós vamos com eles/elas ao cinema.
4. Ele não vai (de carro) contigo.
5. Eu falo com ela.
6. As flores são para si.
7. O livro é para mim.
8. O vinho é para ele.
9. A cerveja é para vocês/vós.
10. A carta é para ti.

II
Complete a seguinte atividade escrita, substituindo o infinitivo pelo **presente** dos verbos **dar, ler, perder, servir, subir** e **valer:**

## Dar

1. O João Pereira (dar) uma festa no próximo sábado.
2. Vocês (dar-me) umas informações, por favor?
3. O senhor (dar-nos) o número do seu telefone?
4. Tu (dar) bons conselhos aos amigos.
5. Nós (dar) o bolo ao Joaquim.

## Ler

1. Ele tem seis anos, mas já (ler) bem.
2. Eu nunca (ler) o jornal de manhã.
3. Vocês (ler) as notícias amanhã.
4. Tu (ler) o nosso jornal.
5. Nós (ler) sempre os artigos da Ana.

## Perder

1. Eu (perder) sempre o comboio das sete horas.
2. Você (perder) amigos, porque nunca tem tempo para ninguém.
3. Tu nunca (perder) tempo nenhum!
4. Assim vocês ainda (perder) o avião.
5. Nós nunca (perder) tempo com coisas sem interesse.

## Servir

1. Para que (servir) isto?
2. Os empregados (servir) no café.
3. Eu (servir) o chá mais tarde.
4. As crianças estão com fome. Vocês não as (servir) primeiro?
5. Tu (servir) o Carlos, por favor?

## Subir

1. Eu (subir) a pé.
2. Vocês (subir) a montanha?
3. Tu (subir) mais tarde.
4. Ela (subir) com dificuldade.
5. Os preços (subir) muito.

## Valer

1. Este carro não (valer) nada.
2. Estas casas (valer) muito dinheiro.
3. Não (valer) a pena falar mais nisso.
4. Os amigos (valer) muito.
5. O teu relógio (valer) pouco.

## Soluções

**Dar:**      1. dá; 2. dão-me; 3. dá-nos; 4. dás; 5. damos
**Ler:**      1. lê; 2. leio; 3. leem; 4. lês; 5. lemos
**Perder:**   1. perco; 2. perde; 3. perdes; 4. perdem; 5. perdemos
**Servir:**   1. serve; 2. servem; 3. sirvo; 4. servem; 5. serves
**Subir:**    1. subo; 2. sobem; 3. sobes; 4. sobe; 5. sobem
**Valer:**    1. vale; 2. valem; 3. vale; 4. valem; 5. vale

## Unidade 4

Complete a seguinte atividade escrita, substituindo o infinitivo pelo **presente** dos verbos **caber, crer, doer, medir, passear** e **odiar:**

### Caber

1. O livro não (caber) na sua carteira?
2. As bicicletas não (caber) no meu carro.
3. A fruta não (caber) toda no frigorífico.
4. Nós não (caber) todos no teu carro.
5. O casaco não (caber) na mala.

### Crer

1. (Crer/eu) que vai chover.
2. Ele não (crer) em Deus?
3. (Eu/crer) que ele chegou a horas.
4. Tu (crer) em mim?
5. Ela não (crer) em ti?

### Doer

1. Ainda te (doer) os dentes?
2. D. Clara, (doer-lhe) a garganta?
3. Já não me (doer) os pés.
4. Meninos, (doer-me) a cabeça! Não podem falar mais baixo?
5. Júlia, (doer-te) as pernas? Preferes tomar um táxi?

### Medir

1. Quanto (medir) este jardim?
2. Ambos os quartos (medir) 20 m².
3. Ele (medir) a mala de viagem.
4. O João e a Tina (medir) o mesmo: 1, 75m.
5. Eu (medir) mais do que tu.

### Passear

1. Eu (passear) sempre com o meu filho.
2. Tu (passear) com o António?
3. Eles (passear) juntos.
4. Nós nunca (passear) sem o cão.
5. A Joana (passear) sozinha.

### Odiar

1. Eu (odiar) batatas fritas.
2. Tu (odiar) cerveja?

3. Eles (odiar) jantar tarde.
4. Ela (odiar) barulho.
5. Nós (odiar) trabalhar até tarde.

**Soluções**

**Caber:**    1. cabe; 2. cabem; 3. cabe; 4. cabemos; 5. cabe
**Crer:**    1. Creio; 2. crê; 3. Creio; 4. crês; 5. crê
**Doer:**    1. doem; 2. dói-lhe; 3. doem; 4. dói-me; 5. doem-te
**Medir:**    1. mede; 2. medem; 3. mede; 4. medem; 5. meço
**Passear:**    1. passeio; 2. passeias; 3. passeiam; 4. passeamos; 5. passeia
**Odiar:**    1. odeio; 2. odeias; 3. odeiam; 4. odeia; 5. odiamos

## Unidade 5

I
Escreva os seguintes verbos nas formas do **imperativo** da 2ª e 3ª pessoas do singular:

afirmativa
**falar; beber; partir; dizer; estar; fazer; ir; pôr, ser; trazer**

negativa
**comprar; tirar; comer; escrever; vestir; abrir; ter; dizer; pedir; vir**

**Soluções**

afirmativa
**tu:** fala; bebe; parte; diz; está; faz; vai; põe; sê; traz
**você/o senhor/a senhora:** fale; beba; parta; diga; esteja; faça; vá; ponha; seja; traga

negativa
**tu:** não compres; não tires; não comas; não escrevas; não vistas; não abras; não tenhas; não digas; não peças; não venhas
**você/o senhor/a senhora:** não compre; não tire; não coma; não escreva; não vista; não abra; não tenha; não diga; não peça; não venha

II
Complete as frases, utilizando **_ser capaz de, costumar, dever:_**

1. Já experimentei várias vezes, mas não ... de fazer receitas bahianas.
2. Já tentámos resolver o problema, mas não ...
3. Eu não compreendo nada disto. Vocês ... de me dar uma explicação?
4. Todos os sábados vou ao mercado e ... comprar lá fruta e legumes para toda a semana. E você?
5. Nós nunca tiramos férias no verão. E vocês? ... tirar férias no verão?

6. A Fernanda visita-nos todas as semanas. Ela ... vir aos sábados ou aos domingos.
7. Este restaurante ... fazer uma boa caldeirada.
8. Clarinha, não mexas nas plantas! Não se ... fazer issso!
9. Você está muito mais magro! A sua elegância ... a muito sacrifício!?
10. O Sr. Almeida tem tido muito êxito nos últimos anos. A que se ... tanto êxito?

**Soluções**

1. sou capaz; 2. somos capazes; 3. são capazes; 4. costumo; 5. Costumam;
6. costuma; 7. costuma; 8. deve; 9. deve-se; 10. deve

## Unidade 6

I
Complete as seguintes frases, utilizando o **presente do conjuntivo** (/subjuntivo):

1. Ele duvida que você (acordar) antes das 9h.
2. Ela quer que tu (ir) às compras.
3. Talvez o filme não (ser) mau.
4. Nem que (ser) por pouco tempo, hoje vou visitar a D. Rosa.
5. Não acredito que eles (gostar) de viver numa cidade tão pequena.
6. Lamento que a senhora não (arranjar) bilhetes para o teatro.
7. Vocês duvidam que ele ainda (telefonar) hoje?
8. Os senhores esperam que nós (acabar) o trabalho hoje?
9. Ela não quer que eu (trazer) nada para a festa, pois cozinhou para dez pessoas.
10. Não falarei mais no assunto, a menos que tu (querer).
11. Espero que a Ana não (perder) o avião.
12. Ele tem medo que vocês (dizer) a verdade, não é?
13. A D. Maria José não quer que as crianças (ouvir) música a estas horas.
14. Talvez ela já (saber) o que nos aconteceu.
15. Oxalá que não (chover) no fim de semana.
16. Embora (ter) tempo, eu não vou à festa da Maria João.
17. Mesmo que não (querer), eles têm de mudar de casa.
18. Basta que o senhor (assinar) este documento só uma vez.
19. Convém que vocês (chegar) antes das 10h da noite.
20. É provável que ele não nos (dar) as informações de que precisamos.

**Soluções**

1. acorde; 2. vás; 3. seja; 4. seja; 5. gostem; 6. arranje; 7. telefone; 8. acabe-mos; 9. traga; 10. queiras; 11. perca; 12. digam; 13. ouçam; 14. saiba; 15. chova; 16. tenha; 17. queiram; 18. assine; 19. cheguem; 20. dê

## II

**Tire do texto** AO frases com verbos no **presente do conjuntivo**; a seguir, **faça outras frases** com os mesmos verbos, também no presente do conjuntivo. Exs.:

1. ***Duvido que*** *a gente* ***vá*** *lá.*
   **Duvido que** eles **vão** ao teatro hoje à noite.
2. ***É possível que*** *eu* ***consiga*** *três semanas de férias.*
   **É possível que** elas **consigam** acabar o trabalho ainda hoje.

## Unidade 7

### I

Complete com o **futuro do conjuntivo:**

1. Quando nós (comer) outra vez no restaurante do Sr. Coelho, a Catarina vai connosco.
2. Se o senhor não (falar) mais devagar, nós não compreendemos nada.
3. Assim que nós (acabar) o trabalho, vamos jantar.
4. Se não (haver) bilhetes para hoje, iremos amanhã ao cinema.
5. Eu só falo no asssunto se as senhoras (querer).
6. Quando vocês (receber) o dinheiro, telefonem!
7. Se você (querer), podemos ir amanhã ao teatro.
8. Quando a Maria nos (telefonar), saberemos o que aconteceu.
9. Assim que os senhores (vender) o apartamento, digam-me.
10. Ela vai ter uma surpresa quando (receber) notícias nossas.
11. Tenho a certeza que o Frederico vem à reunião se nós lhe (telefonar).
12. Os senhores podem ficar no quarto que (querer).
13. O que é que tu queres ser quando (ser) grande?
14. Vamos almoçar assim que (poder).
15. Enquanto não (receber) o telefonema da filha, eles não saem de casa.
16. Quando (emagrecer) cinco quilos, a Rosa acaba com a dieta.
17. Se vocês (precisar) de ajuda, digam.
18. Se ela não (servir) a caldeirada agora, ela fica fria.
19. Enquanto eles não (ir) ao Algarve no inverno, não sabem como as amendoeiras em flor são lindas.
20. Se tu (pôr) o carro na garagem, tem cuidado.
21. Assim que vocês (levantar) a mesa, vamos ao café.
22. Quando o senhor (mudar) de casa, telefone-nos e nós ajudá-lo-emos.
23. Enquanto ela não (vir), não podemos começar o trabalho.
24. Se o quarto (ter) a janela virada para a rua, eu não o quero.
25. Enquanto eu não (tomar) café, não acordo.
26. Não começo a reunião enquanto não (estar) todos presentes.
27. Digam o que (dizer), esta cidade é encantadora.
28. Seja quem (ser), não abrirei a porta a estas horas da noite.
29. Custe o que (custar), irei três semanas a Macau.
30. Digam o que (dizer), não assinarei este contrato.

## Soluções

| | | | |
|---|---|---|---|
| 1. comermos; | 2. falar; | 3. acabarmos; | 4. houver; |
| 5. quiserem; | 6. receberem; | 7. quiser; | 8. telefonar; |
| 9. venderem; | 10. receber; | 11. telefonarmos; | 12. quiserem; |
| 13. fores; | 14. pudermos; | 15. receberem; | 16. emagrecer; |
| 17. precisarem; | 18. servir; | 19. forem; | 20. puseres; |
| 21. levantarem; | 22. mudar; | 23. vier; | 24. tiver; |
| 25. tomar; | 26. estiverem; | 27. disserem; | 28. for; |
| 29. custar; | 30. disserem | | |

II

Escreva uma frase para cada um dos seguintes **pronomes/adjetivos indefinidos**: *todo/a, todos, todas; algum/-a, alguns, algumas; nenhum/-a, nenhuns, nenhumas; tudo; nada; alguém; ninguém; pouco; poucos, poucas; vários, várias.*

Importante: Antes de fazer o exercício escrito, leia novamente os exemplos da PG III.

## Unidade 8

I

Complete com o **imperfeito do conjuntivo:**

1. Nunca pensei que você (comprar) a casa.
2. Não acreditámos que vocês (poder) chegar tão cedo.
3. Ele duvidou que você lhe (escrever) logo.
4. Eles queriam que tu (dormir) em casa deles.
5. O Manuel não queria que (dizer) a verdade ao Nuno, mas vocês disseram.
6. Não havia ninguém que (conhecer) melhor a cidade do que Sr. Afonso.
7. Nós tivemos medo que os senhores não (encontrar) o hotel.
8. Ela ordenou que não se (falar) mais no assunto.
9. Você não acreditou que ela (ser) a diretora?
10. Ontem à noite já não estava aqui ninguém que me (poder) ajudar.
11. Tive de pedir à D. Celeste que ela me (vender) a bicicleta mais barata.
12. Não querias que ela (ir) à farmácia comprar os medicamentos?
13. Não esperávamos que os senhores (vir) ainda hoje.
14. Não achei que o clima dos Açores (ser) muito quente.
15. Eles conversaram como se (ser) grandes amigos.

## Soluções

| | | | |
|---|---|---|---|
| 1. comprasse; | 2. pudessem; | 3. escrevesse; | 4. dormisses; |
| 5. dissessem; | 6. conhecesse; | 7. encontrassem; | 8. falasse; |
| 9. fosse; | 10. pudesse; | 11. vendesse; | 12. fosse; |
| 13. viessem; | 14. fosse; | 15. fossem | |

II
Complete com o **imperfeito do conjuntivo** e **com o condicional** (/futuro do pretérito):
1. Se eles (ter) dinheiro, (comprar) uma casa no Minho.
2. Se tu me (ajudar), eu (fazer) o trabalho em dois dias.
3. Se nós (morar) mais perto, (visitar) o Fernando muito mais vezes.
4. Se os senhores (acabar) o trabalho ainda hoje, nós (poder) assinar o contrato.
5. Se a senhora (estar) na minha situação, (dar/me) razão.
6. Se nós (saber) onde ele mora, (visitar/o).
7. Se ela (ter) saúde, (viajar) muito mais.
8. Se nós (poder), (ir) hoje à praia.
9. Se eu lhe (fazer) a mesma coisa, você (gostar)?
10. Se tu (querer) ir comigo à Baixa, (convidar/te) para almoçar.

**Soluções**

1. tivessem, comprariam; 2. ajudasses, faria; 3. morássemos, visitaríamos; 4. acabassem, poderíamos; 5. estivesse, dar-me-ia; 6. soubéssemos, visitá--lo-íamos; 7. tivesse, viajaria; 8. pudéssemos, iríamos; 9. fizesse, gostaria; 10. quisesses, convidar-te-ia

III
Faça frases segundo o modelo:
**Eu comparia o carro** - *Eu comprá-lo-ia / Eu não o compraria.*

1. Tu farias *o trabalho.*
2. Nós visitaríamos *o Fernando.*
3. A senhora daria *o livro* à Ana.
4. Vocês assinariam *o contrato.*
5. Eles comeriam *a fruta.*

**Soluções**

1. fá-lo-ias/não o farias; 2. visitá-lo-íamos/não o visitaríamos; 3. dá-lo-ia/não o daria; 4. assiná-lo-iam/não o assinariam; 5. comê-la-iam/não a comeriam

IV
**Substitua** o condicional **pelo imperfeito do indicativo:**

1. Se ela tivesse dinheiro, **compraria** uma casa na Madeira.
2. Se você me ajudasse, eu **faria** o trabalho ainda hoje.
3. Se nós morássemos na cidade, não **precisaríamos** de um carro.
4. Se as senhoras acabassem o trabalho hoje, nós **poderíamos** assinar o contrato.
5. Se o senhor estivesse na minha situação, **faria** o mesmo.
6. Se nós soubéssemos onde ele mora, **visitá-lo-íamos**.
7. Se ele tivesse saúde, **viajaria** muito mais.
8. Se eu pudesse, **iria** hoje à praia.

9. Se ele te fizesse a mesma coisa, tu **gostarias**?
10. Se você quisesse ir comigo à Baixa, **convidá-la-ia** para almoçar.

**Soluções**

1. comprava; 2. fazia; 3. precisávamos; 4. podíamos; 5. fazia; 6. visitávamo-lo;
7. viajava; 8. ia; 9. gostavas; 10. convidava-a

**Unidade 9**

I
Faça frases segundo o modelo:
**É impossível que eles acabem o trabalho hoje** - *É impossível eles acabarem o trabalho hoje.*

1. É bom que tenhas cuidado com a tua saúde. É bom (ter) cuidado com a tua saúde.
2. É possível que eles venham ainda hoje. É possível eles (vir) ainda hoje.
3. É provável que nós cheguemos mais tarde. É provável nós (chegar) mais tarde.
4. É ótimo que ela seja a diretora. É ótimo ela (ser) a diretora.
5. É aconselhável que vocês façam isto hoje. É aconselhável vocês (fazer) isto hoje.
6. É melhor que eles deixem de fumar. É melhor eles (deixar) de fumar.
7. É conveniente que mudemos de casa. É conveniente (mudar) de casa.
8. É importante que os senhores vão à reunião. É importante os senhores (ir) à reunião.
9. É necessário que falemos com o Joaquim. É necessário (falar) com o Joaquim.
10. É preciso que compreendas o problema. É preciso (compreender) o problema.
11. É difícil que arranjemos um hotel aqui. É difícil (arranjar) um hotel aqui.
12. Convém que me digas o que se passa. Convém (dizer/me) o que se passa.
13. Basta que a senhora esteja presente. Basta a senhora (estar) presente.
14. É pena que vocês não possam vir à festa. É pena vocês não (poder) vir à festa.
15. É fantástico que os senhores trabalhem connosco. É fantástico os senhores (trabalhar) connosco.

**Soluções**

1. teres; 2. virem; 3. chegarmos; 4. ser; 5. fazerem; 6. deixarem; 7. mudarmos;
8. irem; 9. falarmos; 10. compreenderes; 11. arranjarmos; 12. dizeres-me;
13. estar; 14. poderem; 15. trabalharem

II

Complete as seguintes frases, utilizando o **infinitivo pessoal:**

1. Eles passaram por nós sem nos (ver).
2. Elas deram-me esta carta para tu (ler).
3. Ao (entrar), eles não cumprimentaram o Almeida.
4. Ao (partir), eu nem te vi.
5. Ela disse para tu lhe (telefonar) hoje.

**Soluções**

1. verem; 2. leres; 3. entrarem; 4. partir; 5. telefonares

III

**Traduza** as frases seguintes. Leia primeiro a PG II.

1. Der Zug wird bald abfahren.
2. Der Bus ist in Begriff zu halten.
3. Wir haben keine Lust, zu Fuß zu gehen.
4. Die Arbeit muß noch gemacht werden.
5. Eines Tages werde ich nach Brasilien fliegen.
6. Gott, daß mir auch noch das passieren mußte!
7. Was sollen wir jetzt machen?
8. Er geht gerade weg/hinaus.
9. Das Mädchen wollte gerade aus dem Zimmer gehen, als Sie den Hund sah.
10. Heute hätte ich beinahe die Straßenbahn verpaßt.

**Soluções**

1. O comboio **está para** partir.
2. O autocarro **está para** parar.
3. **Não estamos para** ir a pé.
4. O trabalho **está por** fazer.
5. Um dia **hei de ir** ao Brasil.
6. Meu Deus, o que **havia de** me **acontecer**!
7. O que é que **havemos de fazer** agora?
8. Ele **vai a sair** mesmo agora.
9. A menina/moça **ia a sair** da sala, quando viu o cão.
10. Hoje **ia perdendo** o elétrico.

IV

Faça dez frases, utilizando os seguintes **pronomes relativos:** *quem; o/a qual, os/as quais; que; cujo/a, cujos, cujas.* Exemplo:

1. Com **quem** vai hoje ao cinema?
2. Para **quem** é o bacalhau à Gomes de Sá?

**Unidade 10**

I
Escreva o **plural** dos seguintes substantivos compostos:

1. peixe-espada; 2. estrela-do-mar; 3. cofre-forte; 4. guarda-sol; 5. ex-presidente

**Soluções**

1. peixes-espadas; 2. estrelas-do-mar; 3. cofres-fortes; 4. guarda-sóis;
5. ex-presidentes

II
**Traduza** do alemão para o português:

1. Archipel; 2. Gepäck; 3. Vogelschwarm; 4. Bienenschwarm; 5. Kuhherde; 6.
Menschenmenge; 7. Pinienhain; 8. Obstgarten; 9. Ziegenherde; 10. Weinberg.

**Soluções**

1. arquipélago; 2. bagagem; 3. bando; 4. enxame; 5. manada (de vacas); 6.
multidão; 7. pinhal; 8. pomar; 9. rebanho (de cabras); 10. vinha.

III
Ponha as seguintes frases no **discurso indireto**; use a introdução "Ela disse
que":

 1. O filme é bom.
 2. Ontem o concerto foi fantástico.
 3. Tudo correrá bem.
 4. Quero que a senhora assine esta carta.
 5. Se o senhor não quiser acabar o trabalho hoje, pode acabá-lo amanhã.
 6. Abram a janela!
 7. Lacerda, volte cá amanhã à mesma hora!
 8. Meninos, vão de bicicleta!
 9. Clara, fique onde quiser.
10. Faça o que quiser, Pedro.

**Soluções**

1. Ela disse que o filme **era** bom; 2. Ela disse que **no dia anterior** o concerto
**tinha sido** fantástico; 3. Ela disse que tudo **correria** bem; 4. Ela disse que
**queria** que a senhora **assinasse aquela** carta; 5. Ela disse que se o senhor
não **quisesse** acabar o trabalho **naquele dia, poderia (/podia)** acabá-lo **no
dia seguinte**; 6. Ela disse que **abrissem** a janela; 7. Ela disse que o Lacerda
**voltasse lá no dia seguinte** à mesma hora; 8. Ela disse que os meninos
**fossem** de bicicleta; 9. Ela disse que a Clara **ficasse** onde **quisesse**; 10. Ela
disse que o Pedro **fizesse** o que **quisesse**.

**Unidade 11**

I
Construa frases na **voz passiva**:

1. Ele come o bolo.
2. Tu bebeste o vinho.
3. Ela tem vendido muitas moradias.
4. Eles escreviam muitos artigos para o jornal.
5. Ele já tinha comprado o peixe.
6. Ela não comprará o carro.
7. Eu faria o trabalho.
8. Não acredito que tu faças o almoço e o jantar.
9. É impossível que vocês tenham construído a casa.
10. Se tu escrevesses a carta...
11. Se ele tivesse dito a verdade...
12. Quando eu acabar isto...
13. Vendeu-se uma moradia por 30.000 contos.
14. Vendeu-se o terreno por 10.000 contos.
15. Alugaram-se todos os quartos.

**Soluções**

1. O bolo **é comido** por ele; 2. O vinho **foi bebido** por ti; 3. Muitas moradias **têm sido vendidas** por ela; 4. Muitos artigos para o jornal **eram escritos** por eles; 5. O peixe já **tinha sido comprado** por ele; 6. O carro não **será comprado** por ela; 7. O trabalho **seria feito** por mim; 8. Não acredito que o almoço e o jantar **sejam feitos** por ti; 9. É impossível que a casa **tenha sido construída** por vocês (/vós); 10. Se a carta **fosse escrita** por ti; 11. Se a verdade **tivesse sido dita** por ele; 12. Quando isto **for acabado** por mim; 13. Uma moradia *foi vendida* por 30.000 contos; 14. O terreno *foi vendido* por 10.000 contos; 15. Todos os quartos *foram alugados.*

II
Complete as seguintes frases, utilizando as seguintes **locuções prepositivas**: *além de (/disso), antes de (/do/da/dos/das), apesar de (/do/da/dos/das), depois de (/do/da/dos/das), em vez de (/do/da/dos/das)*

1. Não vou para o Algarve em agosto, porque há lá muita gente e, ..., no verão os hotéis são mais caros.
2. Fale com a D. Laura, mas não vá ao escritório muito cedo, vá ... 10 horas.
3. Ela emagreceu muito porque ... fritos e assados come só grelhados e muitos legumes cozidos.
4. Se quiser ver o meu irmão, vá a casa dele à noite, mas é melhor ir cedo, ... jantar.
5. A água do mar está fria, mas, ... frio, ele vai tomar banho.

**Soluções**

1. além disso; 2. depois das; 3. em vez de; 4. antes do; 5. apesar do

III
Complete as frases, depois de ler a PG II.

1. Ela hoje está cansada e mal pode trabalhar - ela está ansiosa ... ir para casa.
2. Ele está interessado ... vender o seu carro.
3. É importante ... si continuar nesta firma?
4. Você não é capaz ... fazer isso?
5. O senhor está contente ... o seu carro?
6. Isto é fácil ... fazer.
7. A sua bicicleta é igual ... minha.
8. Vocês estão tristes ... não irem ao Minho?
9. Este prédio é semelhante ... seu?
10. O problema é difícil ... resolver.

**Soluções**

1. por; 2. em; 3. para; 4. de; 5. com; 6. de; 7. à; 8. por; 9. ao; 10. de

**Unidade 12**

I
Complete com o **futuro composto do indicativo:**

1. Até dezembro nós (acabar) a casa.
2. Até ao verão tu (aprender) italiano.
3. Até ao fim do mês ela (fazer) o trabalho.
4. Até sábado eu (conseguir) escrever o artigo.
5. Até amanhã ele (pôr) tudo em ordem.

**Soluções**

1. teremos acabado; 2. terás aprendido; 3. terá feito; 4. terei conseguido; 5. terá posto

II
Complete com o **condicional composto:**

1. Sem a ajuda dela, ele não (chegar) a diretor.
2. Se tivesses escolhido um carro pequenino, (ser) melhor.
3. Sem óculos, ela não (poder) conduzir.
4. Se tivesse chovido, ninguém (sair).
5. Se lhe tivessem perguntado, ele (dizer) a verdade.

**Soluções**

1. teria chegado; 2. teria sido; 3. teria podido; 4. teria saído; 5. teria dito

**III**
Complete com o **futuro do conjuntivo:**

1. Quando tu (acabar) o teu trabalho, podes mostrar-mo.
2. Logo que o senhor (falar) com a diretora, poderemos assinar o contrato.
3. Assim que eu (escrever) esta carta, entrego-lha.
4. Se ele (fazer) o jantar, poderemos comer todos juntos.
5. Se elas (gostar) das férias no Algarve, (elas) voltarão lá todos os anos.

**Soluções**

1. tiveres acabado; 2. tiver falado; 3. tiver escrito; 4. tiver feito; 5. tiverem gostado

**IV**
Complete com o **mais-que-perfeito do conjuntivo:**

1. Foi ótimo que tu (vir) tão cedo.
2. Pensei que ele (ir) à festa da Célia.
3. Se eles (comprar) a casa mais cedo, ...
4. Se eu (saber) a notícia antes, ...
5. Se o filme (ser) mais cedo, nós teríamos ido ao cinema.

**Soluções**

1. tivesses vindo; 2. tivesse ido; 3. tivessem comprado; 4. tivesse sabido; 5. tivesse sido

**V**
Complete com o **perfeito do conjuntivo:**

1. Espero que o João já (chegar).
2. Talvez o Sr. Francisco (vir) aqui ontem depois do almoço.
3. Oxalá que eles não (ter) problemas.
4. Espero que ele (ver) o filme, porque foi muito bom.
5. Talvez eles (dizer) a verdade.

**Soluções**

1. tenha chegado; 2. tenha vindo; 3. tenham tido; 4. tenha visto; 5. tenham dito

## VI
Complete as seguintes frases com a **preposição** que acompanha o verbo

  1. Ela tinha acabado ... partir.
  2. Ele preparava-se ... sair.
  3. Ela desistiu ... fazer dieta.
  4. O Rui pede-te ... lhe telefonares hoje.
  5. Ela ajuda sempre o filho ... fazer os trabalhos de casa.
  6. Eles andam ... estudar português desde janeiro.
  7. Acho que começou ... chover.
  8. Ainda continua ... chover?
  9. Você aprende ... tocar piano?
10. Eles acostumaram-se ... comer salada em vez de arroz e batatas.

### Soluções

1. de; 2. para; 3. de; 4. para; 5. a; 6. a; 7. a; 8. a; 9. a; 10. a

## VII
Complete com as **preposições**

1. Esta casa custa 40. 000 contos. E esta moradia? ... quanto fica?
2. Se você gostar do livro, pode ficar ... ele.
3. Como estamos muito cansados, o resto do trabalho fica ... amanhã.
4. Hoje está tanto calor que dá vontade ... ir à praia.
5. Como ela não quer falar comigo, faz ... conta que não me vê.

### Soluções

1. Em; 2. com; 3. para; 4. de; 5. de

## Apêndice

Escolha uma das seguintes **cartas:**

1. Você tem **amigos** em Coimbra. Como nas próximas férias vai a Portugal, escreva uma carta a uma pessoa amiga, comunicando-lhe a sua visita.

### Pontos importantes:

- Explique porque é que escreve.
- Dê informações concretas quanto à data e à duração da visita.
- Peça prospectos e informações sobre a região de Coimbra. Fale dos seus interesses (fazer longos passeios a pé, andar de bicicleta, visitar monumentos, aperfeiçoar o seu português, informar-se sobre questões/possibilidades de trabalho, etc.).

- Peça direções de hotéis ou pensões (diga quanto quer pagar).
- Pergunte se o seu amigo/a sua amiga precisa de alguma coisa que você possa comprar e levar-lhe.

2. Escreva a **uma família portuguesa** que aluga quartos particulares no mês de agosto.

**Não se esqueça de:**

- Dizer que quer um quarto (ou quartos sossegados) e o número de pessoas.
- Dizer por quanto tempo quer alugar o quarto (ou os quartos).
- Perguntar os preços.
- Pedir prospectos com informações gerais da região.

# 6ª Parte: Apêndice

I    Entrevista a quatro emigrantes portugueses
II    Duas lendas e uma história infantil
III    Duas anedotas e dois quebra-línguas
IV    Uma receita bahiana e outra de Goa

## I    Entrevista a quatro emigrantes portugueses:

- Ramiro Costa, 50 anos de idade, casado, dois filhos, empregado têxtil
- Armando Lúcio, 51 anos, casado, quatro filhos, empregado têxtil
- Maria Marques Lúcio, 52 anos, casada, quatro filhos, dona de casa
- Otávio Ramos, 51 anos, casado, três filhos, empregado têxtil

1ª pergunta: Qual foi a razão que o/a levou a emigrar?

Sr. Costa:    *- Emigrei na perspectiva de uma vida melhor sob o ponto de vista económico e também pelo conhecimento de um novo país. Trabalho na Alemanha há 24 anos.*

Sr. Lúcio:    *- Foi uma questão de aventura, de querer conhecer... A aventura prolongou-se e moro cá há 26 anos.*

D. Maria:    *- A razão foi simples - acompanhei o meu marido!*

Sr. Ramos:    *- O meu país não me ofereceu os meios para satisfazer os meus desejos. Estou cá há cerca de 27 anos.*

2ª pergunta: Como caracteriza este tempo passado no estrangeiro? Nunca teve saudades de Portugal?

Sr. Costa:    *- Considero este tempo bastante bom, mas sinto saudades da família que tenho em Portugal... e da vida lá, bem como das nossas praias. Agora, Portugal tem melhores perspectivas para o futuro.*

Sr. Lúcio:    *- Útil, em todos os sentidos, para mim e para os meus. Não sinto saudades, mas há uma ligação muito forte à família que está em Portugal e essa está sempre presente.*

D. Maria:    *- No princípio foi difícil e sempre trabalhámos muito, mas foi proveitoso sob vários aspectos, não só do ponto de vista financeiro como também intelectual. Contudo, tenho, principalmente, muitas saudades da família em Portugal, dos amigos, da vida...*

Sr. Ramos:    *- Tempo muito ocupado, bastante trabalho, preocupação e sofrimento... mas sempre pensando num futuro melhor... e bons trabalhadores a meu lado. Saudades: desde o clima até às pessoas muito amigas, sinto saudades de muita coisa.*

3ª pergunta: Quer voltar a Portugal?

Sr. Costa: *- Sim! É o meu país.*

Sr. Lúcio: *- Voltar? Sim, penso voltar. Os portugueses sempre gostaram de emigrar, mas voltam sempre a Portugal e à sua família.*

D. Maria: *- Sim, quero, porque "o bom filho a casa do pai há de voltar". A voz da origem chama sempre.*

Sr. Ramos: *- Sim, quero. Amo a minha terra.*

4ª pergunta: Qual é a opinião dos seus filhos relativamente à vida fora de Portugal e em Portugal?

Sr. Costa: *- Os meus filhos gostam da vida que temos na Alemanha, mas nunca deixaram de gostar de Portugal!*

Sr. Lúcio: *- É uma opinião favorável. Talvez porque três deles nasceram aqui e o mais velho veio para a Alemanha com nove meses. Quanto à vida em Portugal, eles acreditam que o país está a progredir muito e que o futuro deles está nesse pequeno país com muito sol, muitas praias e, se Deus quiser, com muito trabalho.*

D. Maria: *- Eles não conhecem outra vida senão esta aqui. Para eles viver cá é o melhor, mas, no futuro, Portugal será, com certeza, o seu país. Pensam também voltar.*

Sr. Ramos: *- A opinião dos meus filhos é boa. Relativamente a Portugal, acham que o país segue o caminho do progresso ...*

**Confronto:**

Dê a sua opinião pessoal quanto aos paralelos das respostas destas quatro pessoas. Leia também o TC da unidade 2: **Fatores de emigração e imigração em Portugal.**

**Vocabulário**

| | |
|---|---|
| aventura (a) | *Abenteuer* |
| satisfazer desejos | *Wünsche erfüllen* |
| ligação (a) | *Verbindung* |
| proveitoso | *nützlich, vorteilhaft* |
| ocupado | *hier: beschäftigt* |
| sofrimento (o) | *Leiden* |
| bons trabalhadores a meu lado | *umgeben von guten Arbeitern* |
| progredir | *Fortschritte machen, vorwärtskommen, sich entwickeln* |
| progresso (o) | *Fortschritt* |

## II A **Lenda do Galo de Barcelos**

Um peregrino que se dirigia a Santiago de Compostela, ao passar por Barcelos, no norte de Portugal, foi acusado de roubo. Apesar de jurar inocência, foi considerado culpado pelo tribunal, pois alguém apresentou provas contra ele. Não vendo possibilidades de se salvar, o peregrino disse ao juiz que, quando ele fosse enforcado, o galo que havia de estar na mesa do juiz se levantaria e cantaria - isto provaria que ele estava inocente.

Chegou o dia do enforcamento e, na realidade, à hora da refeição, trouxeram um galo assado para a mesa do juiz, que nesse dia almoçava com alguns amigos. Nenhum deles acreditava nas palavras do peregrino, mas, apesar disso, ninguém se serviu do galo.

No momento em que o peregrino foi conduzido à forca, tornou-se realidade o que todos consideravam impossível: o galo que estava na mesa do juiz levantou-se e cantou. A toda a pressa, o juiz mandou libertar o peregrino, pois a sua inocência estava provada.

Depois de voltar de Santiago, o peregrino mandou construir um monumento em Barcelos, em honra à Virgem e a Sant` Iago - *o Galo de Barcelos*.

## B **O rato da cidade e o rato da aldeia** - uma lenda da Idade Média

Era uma vez um rato que morava na cidade e que tinha um amigo na aldeia a quem chamava o ratinho do campo. Certo dia, o rato da cidade visitou o rato da aldeia, que o recebeu da melhor maneira e lhe ofereceu ervilhas, favas e trigo, dizendo-lhe para comer tanto quanto quisesse. Depois de, tranquilos, terem comido, o rato da cidade agradeceu ao amigo e convidou-o para um almoço em sua casa, na cidade. No dia seguinte lá foi o ratinho do campo visitá-lo. Quando chegou à casa do rato da cidade, este levou-o logo à cozinha, onde havia muita comida: carne, queijo, pão e outras coisas boas. Mal começaram a refeição, chegou o cozinheiro, que, ao vê-los, agarrou num pau para os matar. O rato da cidade, que já sabia quais eram os costumes da casa, fugiu, mas o do campo, que não estava habituado a coisas assim, foi ferido pelo cozinheiro. Por fim, lá conseguiu escapar e escondeu-se debaixo dum armário. Quando o cozinheiro se foi embora, o rato da cidade chamou-o, pois queria continuar a comer. Contudo, o rato da aldeia só lhe respondeu:
- Meu amigo, comer em paz, nem que seja só trigo, é melhor do que comer carne com medo da morte.

Dizendo isto, foi para o campo e jurou nunca mais sair de lá.

### Vocabulário

| O Galo de Barcelos | *Der Hahn von Barcelos* |
|---|---|
| peregrino (o) | *Pilger* |
| acusado de roubo | *des Diebstahls beschuldigt* |
| jurar inocência | *Unschuld schwören* |
| tribunal (o) | *Gericht* |
| prova (a) | *hier: Beweis* |

| | |
|---|---|
| enforcado | *(auf-)gehängt* |
| provar | *hier: beweisen* |
| inocente | *unschuldig* |
| enforcamento (o) | *Erhängen* |
| forca (a) | *Galgen* |
| | |
| O rato da cidade e o rato da aldeia | *Die Maus aus der Stadt und die Maus vom Lande* |
| | |
| recebeu-o da melhor maneira | *hat ihn ("o rato") sehr gut empfangen* |
| ervilhas e favas (as) | *Erbsen und Saubohnen* |
| mal começaram a refeição | *kaum fingen sie die Mahlzeit an* |
| agarrou num pau | *nahm einen Stock* |
| estava habituado | *war gewöhnt* |
| escapar | *fliehen* |
| escondeu-se bebaixo dum armário | *hat sich unter einem Schrank versteckt* |
| jurar | *schwören* |

C **A Carochinha e o João Ratão -** uma história infantil do tempo da avó (teatro)

Personagens:
*Carochinha; João Ratão; Gato; Cão; Lobo; Leão; Tigre; Girafa; Elefante; Galo; Raposa; Urso*

## ATO I

*Cenário:* Uma cozinha. A Carochinha canta enquanto varre a cozinha. De repente, encontra uma moeda de ouro e fica feliz.

*Carochinha* - Oh, que bom! Estou rica! Rica! Rica! Quero casar... Vou já dar a notícia aos animais da floresta. Amanhã eles vão desfilar em frente da minha casa e eu escolho o meu marido. Olarila!

*Voz* - A Carochinha avisou todos os animais. De noite, mal pôde dormir de tão excitada. Levantou-se muito cedo para se preparar.

(Mal tinha acabado de se vestir, a Carochinha ouviu o primeiro animal a chamá-la à janela)

*Gato* - Carochiiiinha!
*Carochinha* - Sim, já vou. Quem quer casar com a Carochinha que é tão bonitinha?
*Gato* - Euuu! (muito preguiçoso)
*Carochinha* - Tu? Tu és um preguiçoso e nunca me ajudarias nos trabalhos de casa... Teria de fazer tudo sozinha... Não, a ti não te quero!

| | |
|---|---|
| *Cão* | - Eu cá não sou preguiçoso! |
| *Carochinha* | - Mas fazes um barulhão a ladrar. Não! |
| *Lobo:* | - Eu tenho uma linda voz. |
| *Carochinha* | - Pois tens, mas gostas de cantar à noite e eu à noite quero dormir. Não! |
| *Leão* | - Eu sou o rei dos animais, a mim nunca ninguém disse que não. |
| *Carochinha* | - Então serei a primeira! - NÃO! És um vaidoso! |
| *Tigre* | - Ao meu charme ninguém resiste! Além disso, tenho força e coragem... |
| *Carochinha* | - Mas não tens amigos e eu gosto de conviver. Não! |
| *Girafa:* | - Eu tenho bons amigos! |
| *Carochinha* | - Mas és muito grande. A minha casa é pequenina... |
| *Elefante* | - Então também não me queres a mim, apesar da minha inteligência... E tenho boa memória! |
| *Carochinha* | - Eu sei, és simpático, mas comes muito e és muito gordo. A minha casa é pequenina... |
| *Galo* | - Eu não sou gordo, olha como sou elegante! |
| *Carochinha* | - A ti não te quero por duas razões: és um vaidoso e não deixas dormir ninguém de manhã! |
| *Raposa* | - E eu? Eu posso ensinar-te bons truques, sou esperta. |
| *Carochinha* | - Pois és, mas não simpatizo contigo. Tenho muita pena. Além disso, roubas galinhas! |
| *Urso* | - Olha, eu gosto muito de brincar... |
| *Carochinha* | - E passas o inverno a dormir. Não! |
| *João Ratão* | - Bom, eu, eu... nem sou poderoso nem bonito, mas gostaria de ser teu marido... |
| *Carochinha* | - Pareces sincero... e não antipatizo contigo. Vamos casar. |

## ATO II

*Cenário:* Uma igreja

| | |
|---|---|
| *Carochinha* | - E agora? Esqueci-me das alianças na cozinha. |
| *João Ratão* | - Eu vou buscá-las. São só cinco minutos: vou numa pata e venho na outra. |
| *Carochinha* | - Então está bem, eu espero por ti aqui, mas não te demores! |

## ATO III

*Cenário:* Cozinha da Carochinha.

| | |
|---|---|
| *João Ratão* | - Uhm, que cheirinho tão bom... A Carochinha tem fama de ser boa cozinheira. Já agora, quero ver o que há para o almoço. É só mais meio minuto... |

(O João Ratão queria espreitar dentro do caldeirão, mas como era muito pequenino, saltou para cima de uma cadeira. Com a pressa, desequilibrou-se e... caiu no caldeirão da sopa...)

Voz:         - Coitado do João Ratão, se não fosse curioso, seria hoje um bom esposo ... E a Carochinha, coitadinha, ainda hoje chora o seu João Ratão que morreu no caldeirão...

## Vocabulário

A Carochinha e o João Ratão - uma história infantil do tempo da avó -
*Der kleine Käfer und João, die Maus - eine Kindergeschichte aus Großmutters Zeiten*

Merke: *Carochinha* ist weiblich *(a)* und *João Ratão* männlich *(o)*

| | |
|---|---|
| lobo (o) | *Wolf* |
| tigre (o) | *Tiger* |
| girafa (a) | *Giraffe* |
| elefante (o) | *Elefant* |
| urso (o) | *Bär* |
| varrer | *zusammenkehren* |
| Olarila! | *hier: Ausdruck der Freude* |
| avisar | *benachrichtigen* |
| excitada | *aufgeregt* |
| preguiçoso | *faul* |
| fazes um barulhão a ladrar | *du machst großen Lärm mit deinem Bellen* |
| vaidoso | *eitel* |
| ao meu charme ninguém resiste | *meinem Charme kann keiner widerstehen* |
| coragem (a) | *Mut* |
| conviver | *geselliges Leben führen* |
| posso ensinar-te bons truques, sou esperta | *ich kann dir gute Tricks beibringen, ich bin schlau* |
| simpatizar com | *sympathisch finden* |
| poderoso | *mächtig* |
| sincero | *herrlich* |
| antipatizar | *unsympathisch finden* |
| aliança (a) | *Ehering* |
| pata (a) | *wörtl.: Pfote* |
| tem fama de ser boa cozinheira | *... hat den Ruf, eine gute Köchin zu sein* |
| espreitar | *schauen* |
| caldeirão (o) | *großer Kochtopf* |
| saltou para cima de uma cadeira | *sprang auf einen Stuhl* |
| desequilibrou-se | *hat das Gleichgewicht verloren* |
| coitado | *der Ärmste* |
| curioso | *neugierig* |
| esposo (o) | *Ehemann (veraltetes Wort, heute durch "marido" ersetzt)* |

## III  A **Duas anedotas**

1. Certo dia, um homem foi comprar um papagaio. Chegou à loja onde se vendiam animais e, como a vendedora não tinha papagaios, resolveu pintar um mocho às cores e dizer ao cliente que era um papagaio especial. O homem só perguntou:
- *Ele fala?*
A vendedora respondeu:
- *Ainda não, mas com o tempo e muita paciência, ele aprende.*
O homem comprou o mocho por papagaio e foi-se embora. Passados uns meses, voltou à loja e a vendedora perguntou-lhe:
- *Então, o papagaio já fala?*
O homem respondeu:
- *Não fala, mas ouve tudo com muita atenção!*

2. Um homem da aldeia foi ao Porto e resolveu ir comer a um restaurante muito caro. Como não compreendia nada do que estava escrito na ementa, pediu um bife com batatas fritas e uma cerveja. Depois de ter acabado de comer, o empregado de mesa perguntou-lhe:
- *Como é que o senhor achou o bife?*
O homem respondeu:
- *Olhe, na verdade não foi fácil, mas achei-o debaixo de uma batata frita.*

### Vocabulário

| | |
|---|---|
| pintar | *(be-)malen* |
| paciência (a) | *Geduld* |

## B **Dois quebra-línguas**

1. O que é que há cá? É eco que há cá. Há cá eco? Há cá eco, há!
2. O rato roeu a rolha da garrafa do rei da Rússia.

### Vocabulário

| | |
|---|---|
| eco (o) | *Echo* |
| roeu a rolha | *hat den Korken angenagt* |

## IV  A *Moqueca de camarão* - **uma receita bahiana**

*Ingredientes:*  Camarão, cebola, coentros, tomate, pimenta, azeite, leite de coco e sal.

*Preparação*  Doure uma cebola cortada às rodelas em azeite. Junte meio quilo de camarões e um tomate grande. Passados cinco minutos, acrescente coentros e leite de coco a gosto; tempere com sal e pimenta. Deixe cozer e sirva arroz branco a acompanhar.

## B *Lulas de caril* - uma receita de Goa

*Ingredientes:*  Lulas pequenas, cebola, presunto, azeite, salsa, caril, vinho branco, piripiri, sal e pimenta.

*Preparação*  Dourar cebola em azeite. Juntar meio quilo de lulas regadas com sumo de limão e temperadas com sal e pimenta branca. Deixar cozer um pouco. Desfazer uma colher de sopa de caril num copo de vinho branco e acrescentar às lulas, bem como um pouco de presunto. Deixar cozer e servir com batatas cozidas ou com arroz de manteiga e salada.

### Vocabulário

caril (o)                            *Curry*
desfazer ... num copo de vinho branco  *in einem Glas Weißwein auflösen*

# Neugriechisch ist gar nicht so schwer

Ein Lehrgang mit vielen Liedern, Illustrationen, Fotos
sowie Karikaturen von Kostas Mitropulos
Von HANS und NIKI EIDENEIER

**NEU: Teil 1:** 5., verbesserte Auflage
1993. 8°. 252 Seiten, kartoniert (3-88226-595-7) DM 24,80

**Teil 2:** 4., verbesserte Auflage
1991. 8°. 206 Seiten, kartoniert (3-88226-510-8) DM 18,-

**Teil 3:** 100 Texte von leicht bis schwer
1987. 8°. 234 Seiten mit zahlreichen Abb., kartoniert
(3-88226-398-9) DM 48,-

**Schlüssel, Methodische Hinweise zu Teil 1**
1982. 8°. 48 Seiten, kartoniert (3-88226-142-0) DM 8,80

**c-60-Sprechkassette zu Teil 1**
Enthält alle Sprechstücke des 1. Teiles
(3-88226-221-4) unverbindl. empf. Preis DM 34,-

**Schlüssel zu Teil 2**
1984. 8°. 27 Seiten, kartoniert (3-88226-190-0) DM 5,-

**c-60-Sprechkassette zu Teil 2**
Enthält alle Sprechstücke des 2. Teiles
(3-88226-222-2) unverbindl. empf. Preis DM 34,-

**Grundwortschatz, Grundgrammatik**
2., durchgesehene Auflage
1986. 8°. 130 Seiten, kartoniert (3-88226-284-2) DM 16,80

**Dr. Ludwig Reichert Verlag · Tauernstraße 11
D - 65199 Wiesbaden**